한국만화사 산책

차례
Contents

03 그들의 만화가 한국만화라는 꽃을 피웠다! 05 1세대 만화가의 대표만화 19 기발한 상상력과 재미난 만화

그들의 만화가 한국만화라는 꽃을 피웠다!

 어느 대중문화 영역을 막론하고, 그 상품이 대중사회에 뿌리를 박고 하나의 주류문화로 정착하기까지는 모질고도 힘난한 조정과정을 거친다. 한국만화는 이런 점에서 가장 격렬한 '전투과정'을 거쳤던 대중문화 상품 가운데 하나로 기록될 만하다. 만화를 '황당무계한 환칠'로 폄하했던 1950년대의 문화환경이나, 5.16 군사쿠데타정권이 들어선 뒤 시작돼 무려 36년간이나 지속된 '만화원고 사전검열'은 지난 시절의 간난(艱難)과 암울로 점철된 만화창작환경을 잘 설명한다.
 그렇지만 그 열악한 만화환경 속에서도 우리 만화는 어느 한 시기의 단절도 없는 역사의 끈을 이어왔다. 척박한 돌무더기 땅을 이리저리 일구고 거기에다 만화라는 꽃씨를 뿌렸던 만화가들이 있었기 때문이다. 그래서 마침내 소담한 꽃무더기를 피워 지금의 우리 앞에 던져준 사람들. 우리는 그들을 '한국대중만화의 시대를 일군 만화가들'이라 부른다.

이 책은 우리 만화역사의 초창기와 현재를 한눈에 조망할 수 있도록 주요 만화가들과 그 작품세계를 간략하게 설명하고 있다. 필자는 30명의 만화가와 그의 대표적인 작품들을 몇 가지의 기준으로 임의설정하고 내용을 분류했다. 비록 이 책이 한국만화사의 한 부분에 치우친 감이 없진 않으나, 초창기의 만화역사를 '동태분석(dynamic analysis)'할 수 있는 하나의 틀을 제공한다는 점에서 의의를 찾을 수 있을 것이다.

이 책의 장점은 누구나 쉽고 재미있게 한국만화의 초창기와 현재의 역사를 이해하게 한다는 것이다. 한 시대를 풍미했던 만화들에 대한 이해는 곧 당시를 살았던 우리의 꿈과 욕망을 알게 해주는 시금석이다. 많은 이들로부터 사랑을 받았던 만화주인공들의 모습에는 우리 시대의 일그러지고 비틀린 열정과 애환이 투영되어 있는 것이다. 만약 이 책을 일독한 뒤에 우리 만화의 문화적·역사적 배경에 대해서 좀 더 깊이 알고 싶다면, 필자의 인터넷 홈페이지(www.sonsangik.com)를 방문해 주기를 감히 권한다.

1세대 만화가의 대표만화

전쟁 속에서 핀 청소년의 꿈, 김용환의 〈코주부 삼국지〉

예나 지금이나 나라 전체가 전쟁의 소용돌이에 휘말리면 그 결과는 언제나 비참해지기 마련이다. 파괴와 살육이라는 광풍이 온 나라를 휩쓸고 인간의 정신마저 황폐하게 만들기 때문이다. 지난 1950년 6월 25일 한반도 전역에서 발발한 한국전쟁은 이념(Ideology)이라는 굴레를 쓰고 동족 간에 피비린내를 흩뿌렸던 전쟁이다. 피아간에 6백만 명의 사상자를 냈던 그 전쟁은 반세기가 지난 지금도 우리 민족의 '살아있는 악몽'이다. 5천 년 역사에서 가장 끔찍한 경험이라 할 만큼 폐허가 된 땅덩어리는 물론, 전쟁을 일으킨 어른들의 정신적인 상처도 깊었다. 어른들이야 전쟁의 주범이니까 그렇다 치더라도, 영문도 모른 채 휩쓸린 우리 청소년의 영혼에는 그 얼마나 커다란 피멍이 박혔을까.

이런 한국전쟁의 와중에서 우리 청소년들의 가슴 한구석을 다독여준 만화가 있었다. 38선을 사이에 두고 밀고 밀리는 휴전선 공방이 지루하게 이어지던 1952년 11월 말, 『학원』이라는 중·고등학생용 잡지가 발행됐다. 전쟁의 와중에서 우리 청소년들의 읽을거리로는 거의 유일한 매체였다. 이 잡지에는 김용환(1912~1998)의 만화 <코주부 삼국지>가 연재되기 시작했다. <코주부 삼국지>는 삭막한 전쟁의 거리에서 피어난 청소년만화였다.

만화 <코주부 삼국지>의 원작은 물론 어른들이 읽었던 소설 삼국지로, 중국의 원나라 말기에 태어난 소설가 나관중(1330?~1400)이 쓴 『삼국지연의』(三國志演義)가 원전이다. 김용환은 이 소설 삼국지를 우리 청소년의 정서에 맞게 만화로 각색한 것이다. 우리 청소년들은 삼국지에 등장하는 유비나 관우, 장비의 실제 모습을 <코주부 삼국지>에서 보았다. 그 안에서는 동글동글하고 귀여운 만화체(漫畵體) 캐릭터들이 등장한다.

1950년대의 우리 만화는 대부분 역사를 소재로 하였는데, 그림 한 칸을 반으로 나누어 깨알 같은 고어체(古語體)의 설명문으로 채워 넣는 형식이었다. 지금 그 만화를 보면 말이 만화지 마치 '그림 소설'을 읽는 느낌이다. 그러나 <코주부 삼국

지>에서는 등장인물이 말풍선의 대화를 통해 이야기를 전개했다. 이는 요즘의 만화 형식이다. 글이 사건전개의 중심역할을 했던 그림 소설류의 만화와는 달리, <코주부 삼국지>는 캐릭터의 표정과 동작 그리고 말투가 이야기의 흐름을 주도했던 것이다.

이런 만화적 재미는 당시로서는 파격이었다. 전쟁 중의 어린 세대들의 구미를 자극하기에 충분했던 것이다. 전쟁 중이었음에도 잡지『학원』은 1만 권이 넘게 팔리는 큰 성공을 기록했다. 책값은 당시 기준으로는 꽤 비싼 100환이었다. 그래서 '먹고 살 만한' 집안형편의 청소년들이 잡지를 주로 구독했다. 그리고 다른 청소년들은 비슷한 또래의 친구들끼리 돌려가면서 이 잡지를 열독했다. 당시 발행된 잡지의 대부분이 그러했듯 누군가 책을 사게 되면, 책갈피가 너덜너덜해지도록 회독(回讀)하는 것이 보통이었다.『학원』은 한국전쟁 당시 이 땅의 중고생이었던 청소년의 절반 이상인 20~30만 명의 독자를 확보했던 셈이다. 지금의 60~70대 가운데 상당수가 이 만화를 기억하는 것을 보면 당시『학원』의 인기를 짐작할 수 있다. 그리고『학원』의 최고인기연재물이 바로 김용환의 <코주부 삼국지>였던 것이다.

전쟁의 틈바구니에서 만화 '코주부'를 읽으며 성장한 세대. 그들은 전 세계가 찬탄해 마지않는 '한강의 기적'을 일군 주인공의 위치를 차지하고 있다. 1970년대와 1980년대의 젊은 일꾼으로서 경제개발의 주역을 맡았고, 지금은 우리 사회의 정치·경제를 비롯한 각계각층의 어른이 돼 있다. 김용환의 <코주부 삼국지>는 한국의 오늘을 있게 한 자그마한 '씨앗' 가운데 하나라고 주장해도 결코 부끄럽지 않은 명작만화로 꼽힌다. <코주부 삼국지>는 후배 만화가들에게도 교과서 같은 역할을 했다. 만화에 등장했던 캐릭터는 반세기가 더 지난 지금 보아도 세련된 감각이 돋보인다. 코믹하게 묘사한 만화체 그림이었지만, 그림 전체의 미술적 구도가 완벽할 정도여서 만화를 좋아하는 어린이들뿐 아니라 만화가를 꿈꾸었던 예비 만화가들이 그 그림을 따라 그렸다.

김용환은 20살 때인 1930년대 초 일본으로 건너가 미술공부를 했다. 도쿄의 간판점에서 아르바이트를 하면서도 데이코쿠(帝國) 미술학교를 졸업했고, 만화가적 자질을 인정받아 기타코지(北宏二)란 필명으로 일본에서 데뷔했다. 소년잡지『니혼쇼넨』(日本少年)의 전속 삽화작가로 활동한 것이다. 만화가로서 처음 만들어낸 '코주부' 캐릭터는 1942년 재일교포를 상대로 발행됐던 도쿄조선민보의 4칸짜리 시사만화에 등장했다. 해방 직전에 귀국한 김용환은 미군정하의 개방공간에서 좌익 성향의 일간지인 중앙신문(현재의 중앙일보와는 다름) 등에 시사만화를 게재하는 등 1950년대 말까지 한국을 대표하는 인기만화가로 군림했다. 어린이만화로는 해방 후 한국에서는 최초로 발행된 <토끼와 원숭이>를 1946년에 발표했다.

김용환은 정밀한 펜 터치의 삽화체 신문 시사만화는 물론 동양화풍의 붓 그림, 어린이용 만화체인 선화(線畵) 등에서 모두 출중한 실력을 보였다. 어린이만화에서 성인 시사만화에 이르기까지, 해방 이후 10여 년간 김용환은 한국의 만화판을 대표하는 '올라운드 플레이어'였다.

김용환은 1955년에는 한국 최초로 설립된 대한만화가협회(현재의 한국만화가협회) 초대회장을 맡았고, 1959년에는 일본 도쿄의 유엔군 극동사령부 심리전과에 배속되면서 새로운 만화인생을 시작했다. 그리고 유엔군 발행의 반공잡지 『자유의 벗』과 재일동포 민단계 교민신문인 통일일보에서 시사만평과 만화를 연재했다. 1995년에는 미국으로 이민, 일본인 부인 요나미지 미쓰코(與那嶺光子)와 함께 L.A 근교의 토렌스시에서 말년을 보내다가 1998년 12월 1일, 86세를 일기로 타계했다.

김용환 선생은 지금도 <코주부 삼국지>를 기억하는 많은 장·노년층 독자들에게 '전쟁의 포연에서 피어났던 한줄기 꿈과 희망'으로 기억된다.

가난 속에서도 맑게 핀 동심, 신동우의 <풍운아 홍길동>

누가 뭐라 해도, 만화에 가장 어울리는 독자계층은 어린이다. 작가의 상상력이 이끄는 대로, 아무런 의심 없이 만화가 보여주는 환상(fantasy)의 세계를 따라나서는 독자. 가상의 세계든 다큐멘터리 소재든, 만화그림 앞에서는 언제나 깔깔거리며 즐거워할 준비가 된 세대. 그게 바로 어린이 계층이다. 제나름대로 세상만사를 꿰뚫고 있노라 잰 체하는 능구렁이 '어른들'에게는 만화가 '황당무계한 환칠'로 대접받기 일쑤인데 말이다.

1960년대의 우리나라를 기억하거나 경험해본 사람들은 안다. 당시의 어수선했던 사회분위기, 보릿고개와 개떡, 빡빡머리 초등학생의 머리통 한구석에 으레 자리 잡았던 쇠버짐, 멀쩡한 어른이 한 달을 죽도록 일해야 쌀 두어 말 사기도 빠듯했던 시절.

삭막했던 1960년대에 우리의 어린이만화는, 역설적이게도 '만화방 전성기'를 구가했다. 기계처럼 일만 했던 어른들. 그 틈바구니에서 어린이들은 오로지 소외된 존재일 뿐이었다. 한 학급 학생이 백 명을 넘기는가 하면, 하루를 3번으로 쪼개 학생을 등교시켰던 3부제 수업의 '콩나물 교실' 초등학교도 수두룩했다. 그 넓은 학교운동장에서도 다 소화하지 못했던 어린이들. 그들이 발길을 돌린 곳은 동네 만화방이었다. 코 묻은 용돈 몇 푼이면, 두어 시간은 재미있게 만화를 즐겼기 때문이다. 운만 좋으면 주인아저씨 몰래 몇 권을 더 볼 수도 있었다.

1960년대의 우리 어린이만화계에서 고 신동우(1936~1994) 선생을 빼놓는다면, 그것은 마치 한국문학사에서 이광수를 삭제하는 것과 다름없다. 우리 어린이만화사의 초창기라 일컬어지는 1960년대에 신동우가 쌓은 '만화 금자탑'이 너무나 큰 빛을 발하고 있기 때문이다. 그 금자탑은 <풍운아 홍길동>이다.

신동우는 한국전쟁 당시 피난지인 부산에서 중학생 신분으로 만화 <땟돌이의 모험>을 발표했던 만화신동 출신이었다. 한국전쟁 휴전 뒤에는 서울대학교의 응용미술학과를 졸업, 1960년대 초부터 프로만화가의 길을 걸었다. 그의 출세작은 1966년부터 4년간 소년조선일보에 1,300여 회 연재한 <풍운아 홍길동>이었다. 이 만화는 단행본으로도 만들어져 당시 코흘리개들의 유일한 문화공간인 만화방에서도 대박 인기를 터뜨렸다.

허균의 원작 소설 『홍길동』은 불우한 성장환경을 딛고 일어나 무술을 연마해 슈퍼맨처럼 신출귀몰 악질 탐관오리를 응징하고, 누구나 평등하게 살 수 있는 이상향을 건설한다는 가슴 벅찬 판타지를 담고 있다. 소년만화로는 더할 나위 없는 소재다. 여기에 만화작가의 타고난 천진난만함이 만화 속에 오롯이 녹았다. 아이들의 눈높이에서 뒹구는 주인공 홍길동, 그와 함께 등장하는 '호피'와 '차돌바위' 그리고 맘씨 착한 소녀 '곱단이'. 캐릭터마다 티없이 맑게 웃는 얼굴이어서 심지어 악당까지도 유머러스하기 그지없다. <풍운아 홍길동>은 가난에 찌든 1960년대 어린이들의 미간을 한순간에 활짝 펴준 명작이었다.

신동우는 1980년부터 풍속화 창작에 전념했다. 1985년 3월 3일자 한국일보 6면에는 한국일보사와 갤럽이 공동 조사한 '우리 국민의 문화의식' 설문결과가 발표된 바 있었다. 이 설문에는 "가장 좋아하는 화가가 누구인가"라는 질문도 있었는데, 기라성 같은 정통 화단의 화백들을 물리치고 신동우가 3위를 차지했다. 1위는 김기창, 2위는 피카소였다.

신동우의 만화가적 감각은 타고났다. 당대 최고의 속필 솜씨가 그랬다. 스케치북을 잡았다 하면 불과 몇 초안에 한 컷의 만화로 그려내곤 했다. 성격 또한 동심과 닮았다. 50을 넘기고도 눈가에는 웃음이 떠나지 않는 동안이었고, 늘 '허허허' 웃음을 터뜨렸다. 어느 날인가는 이른 아침에 화장실에서 조간신문 부고(訃告)란에 적힌 지인의 이름을 보고 '엉엉~' 대성통곡을 하기도 했다.

신동우 화백 생전의 '차돌바위 동심' 같았던 에피소드 하나를 필자도 소중히 간직하고 있다. 선생이 58세에 암으로 세상을 떠나기 얼마 전, 필자는 서울의 홍익대학교 부근에 있던 선생의 화실을 불쑥 방문했다. 불청객을 껄껄웃음으로 맞은 선생은 이런저런 이야기로 환담을 마친 뒤, 화실 문을 나서는 필자에게 "그냥 보내기 섭섭하다"며 이곳저곳에서 무언가를 두런두런 찾으셨다. 그러고는 낙담하는 듯하더니, 어느 사이엔가 책상서랍 속을 뒤져 30센티 플라스틱 자(尺)며 연필 등을 주섬주섬 챙겨서 건네주셨다. 선생은 "이거라도 안 가져가면 내가 섭섭해서 안 돼"라며 필자의 손에 꼭 쥐어 주었다. 필자는 그것을 꼭 쥐고 화실 문을 나섰다. 그제서야 환하게 웃으시던 선생의 모습은, 바로 엊그제의 일처럼 생생하다.

신동우의 만화 <풍운아 홍길동>에 등장하는 차돌이. 그것은 신동우 화백을 떠올리게 하는 또 하나의 '페르소나'(persona)다.

아시아의 월트 디즈니, 신동헌의 만화영화 「홍길동」

 1990년대 중반부터 우리나라는 영상대중문화상품을 국책산업의 하나로 지정, 문화당국의 지원을 받아왔다. 이와 함께 민간교육부문에서도 지속적으로 만화영화관련 인재들을 배출해왔다. 지난 2001년에는 제작지원비 20억 원으로 만들어진 2D 애니메이션인 「오세암」이 그보다 수십 배의 돈을 들인 쟁쟁한 외국산 애니메이션을 물리치고 안시국제 애니메이션 페스티벌의 '장편 애니메이션 부문' 그랑프리를 차지해 국내 팬들을 놀라게 했다.

 애니메이션을 이야기할 때면 우리의 분위기는 언제나 '일본에 기죽어 있는' 형편이다. 애니메이션을 조금 알고 있네 하는 마니아 계층일수록 마치 경쟁이라도 하듯 '일본의 유명감독과 그의 작품들'을 줄줄이 꿰고 분석해댄다. 미야자키 하야오니 「바람계곡의 나우시카」니 하는 것들을 모르면 '애니메이션 간첩'으로 취급받을 정도다.

 그러나 우리나라는 1960년대 중반 아시아 최고수준의 오리지널 극장상영용 장편 애니메이션을 개봉했던 자랑스러운 대중문화 선진국이었다. 1960년대의 우리 만화산업 환경은 그야말로 보잘 것 없는 수준이었다. 손에 꼽을 수 있는 정도의 인기 만화가들이 조악한 형태의 출판만화를 생산해냈고, 이 만화들은 대본소(貸本所)에 보내져 고작 어린이 독자들의 푼돈이나 거둬들이는 '열악한 산업구조'에 불과했다.

1967년 1월 7일은 우리나라의 만화역사에서 기념비를 세울 만한 날이었다. 서울의 대한극장과 세기극장을 비롯해 전국대도시의 7개 개봉관에서 총천연색 장편 만화영화 「홍길동」이 개봉되었기 때문이다. 이 만화영화는 개봉 나흘 만에 10만 명의 관객이 몰리는 대박 흥행을 터뜨렸다. 당시 장안의 화제는 온통 여기에 쏠렸다.

'만화왕국'이라 불리는 이웃나라 일본은 그날 "한국의 애니메이션이 일본을 추월할지도 모른다"며 화들짝 놀랐다. 그도 그럴 것이, 일본에서 '망가의 신(神)'으로 추앙받았던 데츠카 오사무(手塚治虫, 1928~1989)가 최초의 텔레비전용 흑백 만화영화 「무쇠팔(鐵腕) 아톰」을 만든 것이 그보다 불과 4년 전인 1963년이었고, 컬러 애니메이션 「정글 대제」도 TV방영용으로 1965년에야 겨우 첫선을 보였던 것이다.

1960년대의 애니메이션 제작은 배경 원화(原畵)를 밑그림 삼아 그 위에 셀룰로이드 필름에 인물의 구분동작을 일일이 그림으로 그리는 '셀(cell) 애니메이션'이 일반적이었다. 「홍길동」에는 12만 5천여 장의 셀 그림이 소요됐고, 이를 이으면 3천 7백여 킬로미터에 달했다. 제작비는 당시 실사영화 평균제작비의 10배에 가까운 거금 5천4백만 원이 투입됐다.

이 만화영화를 감독한 사람이 바로 신동헌(1927~)이었다. 원작만화는 신동헌 감독의 친동생이자 당대 최고인기의 아동만화가였던 신동우(1936~1994)의 작품. 신동헌은 그때를 회상하며 "줄잡아 하루평균 400명의 애니메이터가 1년을 꼬박 그림 작업에만 매달렸다"고 말한다. "셀룰로이드 필름에 원화를 채색할 물감이 없어, 학생들이 쓰는 일반 포스터컬러 물감으로 채색을 했다. 그런데 이 물감은 뜨거운 조명등 아래서 금방 말라 비틀어져 거북이 등처럼 갈라지기 일쑤였다. 그 때문에 애니메이터가 붓을 들고 사진작업현장에 항상 대기하고 있었다"며 열악한 당시 사정을 소개한다.

국산 만화영화 「홍길동」의 전 제작과정은 순전히 국내 애니메이터들의 손으로 이루어졌다. 거기에다 작품내용 면에서도 '한국산 오리지널리티'를 만방에 과시한 수작(秀作)이었다. 특히 아름드리나무가 산 위에서 굴러 떨어지면서 그 밑에 무수히 많은 병졸들이 깔리는 장면은 이 만화영화의 압권이었다. 이는 열정과 투지 하나로 뭉친 우리의 1세대 애니메이터들이 만들어낸 쾌거였다. 신동헌은 그 위대한 한국만화사의 한 장을 진두지휘한 '아시아의 월트 디즈니'였다.

서울대 공과대학 건축과 예과시절, 서울 명동에서 초상화를 그려 아르바이트를 했던 신동헌은 우연히 '코주부'의 만화가 김용환을 만나면서 만화공부를 시작했다. 스물한 살 때인 1947년 <스티브의 모험>으로 작가데뷔를 한 뒤엔 어린이만화, 신문 시사만화, 대중만화 등 출판만화의 전 영역을 섭렵하는 인기 만화작가로 활동했다.

만화영화 「홍길동」은 1995년 12월, 「돌아온 영웅 홍길동」으로 리메이크, 개봉되기도 했으나 이 작품의 대부분은 일본 애니메이터의 손을 거쳐 완성되는 등 씁쓸한 뒷맛을 남겼다.

참으로 안타까운 사실은, 불과 30여 년 전에 만들어진 「홍길동」의 만화영화 필름이 지금은 한 벌도 남아있지 않다는 것이다. 새마을 운동이 한창이던 1960~1970년대 농가부업으로 장려되었던 밀짚모자를 만들면서 그 필름들은 가로로 길게 반으로 쪼개어져, 모자테두리 끈으로 장식되는 '웃지 못할' 쓰임새에 몽땅 거덜나고 말았던 것이다.

꼿꼿한 고집쟁이 이웃집 영감, 김성환의 〈고바우 영감〉

  20세기 중반에 만화연재를 시작해 50년 동안 이 땅의 서민과 함께 희로애락을 나눈 만화주인공이 있다. 김성환(1932~) 화백이 신문 시사만화에 등장시켰던 캐릭터 '고바우 영감'이 그것이다. 머리카락이 달랑 한 올뿐인 이 영감은, 한국전쟁 이후 격동의 반세기에 해당하는 한국현대사를 신문독자와 함께 울고 웃으며 뒹굴었다.
  <고바우 영감>은 한국전쟁의 소용돌이 속에서 태어났다. 1950년 12월 한국의 육군본부에서 군인들의 정훈교육용으로 발행했던 만화신보에 이 영감의 모습이 처음 등장했다. <고바우 영감>이 진가를 발휘하기 시작한 것은 19세의 김성환이 1955년 2월 1일 동아일보에 연재를 시작하면서다. 이후 이 만화는 2000년 9월 문화일보에서 14,139회의 연재를 끝으로 무대 뒤편으로 사라졌다. 일간신문에 연재된 단일작가의 4칸짜

리 시사만화 창작물로는 세계최고기록에 해당한다.

'고바우'라는 이름은 친근하고도 토속적인 뉘앙스를 풍긴다. 지금의 우리에게는 친숙한 이웃집 아저씨를 연상케 하는 일반명사가 됐다. 그러나 이 이름이 김성환 화백의 머리에서 처음 떠올려졌던 당시는 한국전쟁의 피비린내가 막 시작되던 '악몽의 순간'이었다. 서울의 경복고에 재학 중이던 소년 김성환은 물밀듯 내려오는 북한군을 피해 잠시 기거했던 서울외곽의 어느 집 다락방에서, 사방에서 울려대는 포탄소리를 이불 속에서 들어가며 이 이름을 작명했다고 회고한다.

<고바우 영감>이 신랄한 사회풍자만화로 유명세를 떨치기 시작한 것은 1950년대 말 동아일보에 이 만화가 연재되던 시절이다. 부패한 자유당정권의 실상을 촌철살인(寸鐵殺人)의 붓대로 마구 헤집기 시작하면서 그 존재가 도드라졌기 때문이다. 예를 들면, 경무대(현재의 청와대)의 위세를 빗대 "경무대라면 변소의 똥을 푸는 사람마저도 엄청난 빽을 자랑한다"는 식이었다. 당시 시대상황으로 비추어 그 누구도 훼손하지 못했던 이승만 대통령의 가부장적 권위주의를 단칼에 난도질해 버린 셈이었다. 이런저런 <고바우 영감>의 쓴소리는 정부 쪽에서 보아 당연히 눈엣가시였다. 경찰이 내사에 들어가는 등 김성환 화백에 대한 필화(筆禍)사건이 탄압으로 가해지자 이번에는 <고바우 영감>의 독자들이 들고일어나 열렬한 박수를 보냈다. 한국적 시사만화의 풍자정신이 옹골찬 자리매김을 하는 순간이었다.

그러나 <고바우 영감>의 그 총총한 눈길은 끝까지 지속될 수가 없었다. 1961년 쿠데타를 일으킨 박정희 군사정권은 현역군인을 검열관으로 내세워 시시콜콜한 1단짜리 신문기사 원고마저 사전검열을 하는 등 '원초적 언론탄압'을 자행했기 때문이다. 18년의 장기집권에 뒤이은 1980년대의 신 군부정권 아래서도 시사만화작가의 예봉(銳鋒)은 사전검열에 의해 여지없이 뒤틀리고 꺾였다. 이 와중에서도 <고바우 영감>은 마치 숨은그림찾기 하듯, 시사만화의 행간(行間)에 은밀한 비판의 목소리를 담았다.

<고바우 영감>은 1955년부터 동아일보에 연재를 시작해 25년 동안 게재하다가 1980년대 이후 조선일보, 세계일보를 거쳐 2000년 9월 29일 문화일보에서 그 반세기의 장정을 마쳤다. 그해 11월에는 '고바우 탄생 반세기전'이 서울 세종문화회관에서 열렸다. 또 2001년에는 작가가 전액 출연한 기금으로 '고바우 만화상'이 제정돼 시상되고 있다. 2003년 3월초에는 일본에서 『만화 한국현대사-고바우 영감의 50년』(角川서점 발행)이 문고판 시리즈로 발행되기도 했다.

김성환 화백은 최근 필자와의 전화통화에서 "2005년 전시회 개최를 목표로 색연필 드로잉 작품을 창작 중"이라고 소개했다. <고바우 영감>의 창작혼은 지금도 현재진행형이다.

기발한 상상력과 재미난 만화

오리지널 한국산 SF만화, 산호의 〈라이파이〉

미녀 파트너 '제비양'과 함께 전용제트기 제비호를 타고 사악한 무리들을 끝까지 쫓아가 통쾌하게 처부수는 슈퍼맨 '라이파이'. 1970년대 이후 지구촌 영화 팬들을 열광시켰던 영화 '007 시리즈'의 컨셉을 쏙 빼닮았다. 007의 원조인 셈이다. 그의 가슴에는 라이파이를 뜻하는 한글 이니셜 'ㄹ'이 새겨져 있다.

1960년대 한국만화계는 〈라이파이〉를 시작으로 화려한 비상(飛翔)을 했다. 만화의 인기가 치솟으면서 당시 전국의 2만여 개의 만화방은 코흘리개들의 발길로 문턱이 닳을 지경이었다. 매번 아슬아슬한 장면에서 만화는 끝나고, 그 '계속편'은 2~3일 후 만화방에 도착한다.

웬만한 만화방이라면 <라이파이>를 서너 권씩 진열해 놓아야 했다. 방과 후에 만화방 앞에 진을 치고 있던 꼬맹이들은 자전거를 탄 배달사원이 골목 어귀에 나타나면, "와~"하는 함성을 지르곤 했다.

SF만화 <라이파이>는 산호(본명 김철수, 1939~) 선생이 대학 재학 중이던 1960년 1월에 첫선을 보였다. 이 만화는 1965년까지 약 70여 권이 시리즈로 발표되면서 당시 어린이들에게 꿈과 용기를 심어주었다. <라이파이>의 성공은 작가의 탁월한 상상력에서 찾아진다.

이 만화 속에는 '무선호출기' '레이저 광선총' '배낭형 제트추진기' 등 당시로서는 상상도 할 수 없었던 첨단장비들이 줄지어 등장했다. 그런가 하면 라이파이가 본부로 사용하는 '해골요새'는 태백산맥의 깊숙한 산골짜기에 위치해 있었다. 상상력에 '국적 있는 판타지'까지 더해졌던 것이다.

<라이파이>는 산호의 출세작이자 한국 근대만화사에서 몇 손가락 안에 드는 인기흥행작이다. 지금 이 만화책은 서울 인사동의 고서점에서 수백만 원을 호가하지만 찾는 사람들이 너무 많아 좀처럼 시중에 나오지 않는다는 게 수집상들의 말이다.

산호는 고교생 시절인 1958년 <황혼에 빛난 별>을 만화잡지에 연재하면서 데뷔했다. 1968년 미국으로 이민을 떠나기

까지 <콜로라도의 달> <무적함대> <싸이칸> 등 수백 권의 작품을 창작, 당대의 대표작가로 군림했다. 산호의 만화작품은 공상과학뿐 아니라 검술, 권법, 전쟁 소재를 비롯해 역사물에 이르기까지 다양했다.

미국에서도 <샤이언 키드 Cheyenne kid> <귀신이야기 Ghostly tales> 등 약 300권의 만화를 발표했고 만화출판사 '아이언 호스'(Iron horse)도 설립해 운영했다. 1980년에는 사업가로 변신, 관광용 잠수함 등을 설계하고 판매하는 회사도 만들었다. 사이판과 제주 서귀포에서 운행 중인 관광잠수정도 1988년 산호가 설계한 작품이다.

1993년 사업을 정리하고 다시 만화가로서 우리 곁에 돌아온 그는 경기 용인의 산골에 화실을 차려 현재도 왕성한 창작을 계속하고 있다. 회화풍의 그림이야기 책 『대쥬신제국사』(1994) 『대불전』(1998) 『한국백오대천황존영집』(2002) 등을 잇달아 발표했다. 산호 선생은 "그림을 그리고, 그 속에 창작혼을 주입할 때 나는 무한한 작가적 에너지를 느낀다"고 말한다. 그의 눈빛에는 아직도 <라이파이>의 열정이 묻어난다.

1960년대 어린이 명랑만화의 바이블, 김경언의 〈의사 까불이〉

1960년대 어린이만화 전성기에 만화방을 들락거렸던 지금의 중장년층에게는 고 김경언(1929~1996) 선생의 <의사 까불이>

가 기억의 한 귀퉁이에서 또렷한 모습으로 자리 잡는다.

 5.16 쿠데타로 집권한 군사정권은 재건(再建)과 반공(反共)이라는 기치를 내걸고, 이 땅의 모든 어른들에게 '한 손에 망치, 다른 한 손에는 총'을 들게 했다. 이런 무거운 분위기 속에서 어린이란 존재는 천덕꾸러기에 불과했다. 그러나 때마침 도시의 골목 어귀마다 문을 연 만화방들은, 방과 후 갈 곳 없었던 우리 어린이들에게 '꿈의 공장' 역할을 했다.

 김경언(필명을 '경인'으로도 씀)이 1964년에 발표했던 <의사 까불이>는 당대 어린이 명랑만화를 실질적으로 개척한 선구자의 위치를 차지한다. 이전에도 이 분야의 만화장르는 있었다. 그러나 그 대부분은 웃기는 내용을 담았음에도 불구하고, 성인의 눈높이에서 창작된 근엄한 분위기의 그림 일색이었다. 만화매체가 가진 이미지 전달 측면의 장점을 제대로 살리지 못했던 것이다. <의사 까불이>는 캐릭터의 움직임을 자유자재로 표현할 수 있는 만화체인 데다, 주인공은 물론 등장 캐릭터들이 그림칸 속에서 쉴 새 없이 넘어지고 뒹구는 등 슬랩스틱(slap-stick)류의 연출을 시도했다. 당시 어린이들이 온몸으로 만화 보는 재미를 공감(共感)했던 이유다.

 의사 까불이는 뚱뚱하고 급한 성격의 마음씨 착한 간호사와 함께 눈부신 활약을 한다. 키 작은 어린이들을 위해 단숨에 키 크는 약을 개발하기도 하고, 홀쭉하게 혹은 뚱뚱하게 변신시키는 묘약도 개발해 사람들의 고민을 해결해준다. 그런가 하면 무고한 시민을 괴롭히는 강도를 잡는 등 우리 사회의 병든 곳을 고치는 당대의 명의(名醫)로 어린이들에게는 '우상'과 같은 존재였다.

김경언은 서울대 생물학과를 졸업하고 1955년 경향신문의 4칸 시사만화 <두꺼비>의 연재를 시작하면서 만화가의 길로 접어들었다. 이후 조선일보와 연합신문, 서울신문 등에 <꾀동이> <고구마> <깔끔이> <어수선> <사공선생> 등의 만화를 게재했다.

김경언은 타고난 만화가로, 잉크와 펜 그리고 그림그릴 밑종이를 항상 휴대하고 다녔던 일화가 유명하다. 앉은자리에서 대여섯 페이지의 만화는 쓱싹쓱싹 창작해내는 놀라운 실력을 선보이기도 했다. 1950대 말, 만화방이 생겨나기 시작하자 김경언은 전업 단행본 만화작가의 길로 나섰다.

<우락돌이 부락돌이>(1959)를 위시해 <먹보> <왕> <박김이 삼국지> <용가리>(이 만화에 이어 <꽈가리> <쌍가리> 등 기발한 제목의 후속편이 나왔다) 등 1960년대를 통틀어 약 500타이틀의 단행본을 창작해냈다. 하루이틀 만에 100쪽짜리 만화책 한 권을 창작해내 출판사 쪽을 놀라게 했던 적도 있었다. 1960년대 최고의 인기만화가로 군림했던 김경언은 1970년, 미국이민을 떠나면서 화려했던 만화인생을 마쳤다.

워싱턴 D.C 외곽과 필라델피아 등지에서 여생을 보낸 선생은 말년에 지병인 중풍으로 많은 고생을 했다. 그 와중에도 '한국의 명문 서울대 출신의 만화가'라는 강한 프라이드만은 잊지 않았다고 한다. 김경언은 1996년 67세를 일기로 타계했다.

눈물 찍어 책장 넘겼던 명작만화, 김종래의 〈엄마 찾아 삼만리〉

조선시대를 배경으로 펼쳐진 한 소년의 애뜻한 만화 사모곡에 온 국민이 눈물을 흘렸던 적이 있었다. 매스미디어라고 해봐야 신문과 진공관 라디오가 고작이던 시절, 그나마 '부자' 소리를 들었던 일부계층만 향유할 수 있었던 문화혜택이었다. 그 참에, 누구나 돌려가며 읽어볼 수 있었던 만화는 그야말로 '대중의 오락거리'였다.

1959년 발표된 고 김종래(1927~2001) 선생의 <엄마 찾아 삼만리>. 이 만화는 당대의 어린이뿐 아니라 만화를 '환칠'이라 업신여겼던 어른들에게도 코끝 찡한 감동을 안겨주었던 우리 만화사의 명작으로 꼽힌다. 섬세한 펜선 터치를 기반으로 캐릭터의 리얼한 그림체가 마치 한 편의 멜로드라마를 보는듯한 실감(實感)을 안겨주었기 때문이다. 제일출판문화사가 초판을 발행한 이후 무려 10판을 더 찍어내는 폭발적 반향을 불러일으킨 화제작이었다.

<엄마 찾아 삼만리>는 주인공 소년 금준이가 노비로 팔려나간 엄마를 찾아 괴나리봇짐을 매고 황톳길을 터덜거리는 것으로 시작된다. 엄마를 그리는 절절한 소년의 심정, 온갖 고초를 겪는 과정이 배경음악이 돼 독자들의 심금을 울렸다. 소년 금준이는 엄마를 찾아가는 길에 다양한 민초들을 만난다. 탐관오리의 학정, 그로 인한 피폐한 민심. 작가 김종래는 멜로 소재라는 만화의 한계를 극복하고 전후의 찌들렸던 사회상과

부패상을 조선시대를 빗대 고발하는 '작가의식'까지 이 작품에서 드러냈다.

만화 <엄마 찾아 삼만리>는 실화를 바탕으로 한 세계적인 명작동화를 나름의 잣대로 만화각색한 첫 작품이었다는 점에서도 높은 가치를 부여할 수 있다.

이 만화의 원작이 됐던 동화는 이탈리아의 작가 에드몬도 데 아미치스(Edmondo de Amicis, 1846~1908)가 『사랑의 학교 Cuore』란 작품집에 1886년 「마르코」란 제목으로 발표한 작품이었다. 『사랑의 학교』는 이탈리아 제노바에 살던 소년 마르코가 돈을 벌러 남미의 아르헨티나로 일하러 떠난 엄마를 찾아 12,000km의 눈물겨운 여행을 했던 실화를 바탕으로 하고 있다. 이 동화는 300판이 넘는 발행을 했고, 전 세계에서 번역돼 감동을 주었다. 김종래의 만화제목으로 등장하는 '삼만리'는 소년 마르코가 엄마를 찾아 떠났던 12,000km를 우리의 리(里) 계산법으로 환산한 값이다.

김종래는 일본의 교토(京都)에서 태어나 그곳 회화전문학교에서 미술공부를 마친 뒤 1947년 귀국했다. 생전의 김종래 선생은 "내 이름의 일본식 발음인 '쇼라이, 쇼라이'를 외치면서 주먹질을 해대는 등 집단 괴롭힘을 당했던 교토에서의 어린 시절 기억을 결코 잊을 수가 없다"고 회고한 바 있다. 귀국한 김종래는 자원입대, 한국전쟁을 치르고 난 1954년 육군상사로 전역했다. 만화가로 이름을 떨친 것은 전역 직전 발표한 93쪽짜리 반공만화 <붉은 별>을 창작하면서였다. 1960년대 이후 본격 창작을 시작한 선생은 1970년대 후반 기관지와 심장계통의 지병이 생기기까지 500편에 달하는 주옥같은 작품을 발표해 전후 한국만화사의 주역으로 활동했다. 대표작으로는 1969년에 발표해 10년간 연재했던 <도망자>를 비롯해 <이길 저길> <황금가면> <앵무새 왕자> 등이 있다.

2001년 1월, 선생은 향년 70세를 일기로 '엄마를 찾아' 조용히 눈을 감았다.

어린이만화에 쏟은 작가의 열정, 임창의 '땡이'

착하고 심지 곧은 소년 '땡이'가 인기를 독차지했던 시절이 있었다.

1960년대 중반부터 10여 년간, 만화방을 내 집처럼 들락거렸던 세대들에게 있어 '땡이 만화'는 매우 각별하다. 그들은 그 만화의 자세한 속 내용까지야 기억해내지 못한다 해도, 주인공 땡이의 모습만큼은 확실하게 떠올린다. 동그란 얼굴에 언제나 위로 제친 모자챙이 얼굴의 반을 가렸고, 크고 동그란 눈망울에 자그마한 코가 얼굴 한가운데 구슬처럼 박혀있는 캐릭터.

고 임창(본명 임종우, 1923~1982) 선생은 우리 만화 캐릭터에 할리우드식 '스타시스템'을 도입한 작가로 꼽을 만하다. 근육질 영화배우 아놀드 슈왈츠제네거를 '미국의 힘'을 상징하는 캐릭터로 가공해 팬들의 뇌리에 각인시키고 이를 흥행에 연결시킨 그런 원리다.

땡이는 임창이 창작했던 50여 타이틀의 시리즈 만화에 빠짐없이 주인공으로 등장했다. 순진무구한 명랑만화의 주인공이 되는가 하면, 역경을 헤치고 성공하는 소년이기도 했고 때로는 검법에 통달한 소년무사로 등장했다.

그러나 '땡이 만화'의 진가는 임창이 특별히 신경을 썼던 일련의 '교육소재만화'에서 찾아야 한다. 찰리 채플린의 눈물겨운 소년 시절과 결코 희망을 버리지 않고 꿋꿋하게 성장, 세계적 영화인으로 성공한 감동을 만화에 담았고(<찰리 채플린>(1968)) 실제로 집에서 길렀던 사냥개의 이야기를 옮긴 <땡이의 사냥기>(1964)와 <땡이의 애견기>(1966), 유명배우의 탄생일화와 영화제작 현장의 자세한 이야기를 재미있게 만화화했던 <땡이와 영화감독>(1965) 등의 작품이 그것이다.

'땡이'가 우리 만화사에서 갖는 또 하나의 의의는, 숱한 아류(亞流) 캐릭터가 탄생한 원인을 제공했던 '슈퍼캐릭터'란 점이다. 1964년 땡이 만화가 첫선을 보이면서 갑자기 폭발적인 인기를 끌자 당시 만화출판사 사장들은 너도나도 대명(貸名)만화작가들을 내세워 '비슷한 땡이'를 창작하기 시작했다. 이들 만화의 전반적인 그림체는 물론 등장하는 주인공도 땡이와 흡사했다. 주인공 이름도 '떵이' '땅이'를 비롯해 '청이' '창이' 등 한눈에 땡이의 아류임을 알아차릴 수 있었다. '땡이 전성시대'는 10여 년간 지속되었다. 이는 이현세의 만화

<공포의 외인구단>이 공전의 히트를 기록하자 주인공 '까치'의 이미지와 흡사한 '까치머리 아류' 주인공이 우리 만화시장에 마구 쏟아져 나왔던 1980년대 중반 이후의 모습과 흡사하다.

임창은 우리 만화사의 한 부분을 화려하게 장식한 주인공이었지만, 작가로서의 길은 그리 순탄하지 못했다. 땡이를 닮은 '곧은 성품'으로 말미암아 출판만화계를 둘러싼 열악한 창작환경에 정면으로 반기를 들었기 때문이었다. 당시 우리 만화시장은 일부 대형만화출판사 사장이 전국의 만화방 공급용 출판만화유통을 독과점하면서 많은 부작용을 드러냈다. 출판사 사장들은 자금동원능력을 앞세워 만화작가를 고용했고, 심지어는 만화내용에까지 개입하고 창작분량마저 할당하는 등 전횡을 일삼았다. 이때 임창은 '땡이문고'를 설립하고 독과점 체제와 맞서 싸웠지만, 중과부적으로 끝내 좌절하고 말았다. 임창은 1976년 잡지 『뿌리깊은 나무』에 '더러운 어린이만화시장'이란 기고문을 통해 당시 거대만화출판사들의 횡포를 적나라하게 고발하기도 했다.

좌절과 실의로 말미암아 1970년대 말 절필을 선언했고, 환갑을 얼마 남겨두지 않았던 1982년, 임창은 눈을 감았다. 그러나 임창의 순수한 만화열정은 지금도 '땡이'의 순수한 눈망울로 우리 만화계의 한 면을 비추고 있다.

만화의 상상력과 거짓말의 우아한 결합, 임수의 〈거짓말 박사〉

"포탄에 걸터앉아 적진으로 돌격한다."

이런 뻔한 거짓말을 능청스럽게, 마치 실제상황처럼 쉽게 풀어놓을 수 있는 공간이 '만화' 말고 또 있을까. 작가의 의도대로 그림칸을 멋대로 넘실대는 '새빨간 거짓말'. 만화를 집어드는 독자들의 욕구 속에는 이런 기대치가 어느 정도 자리 잡는 것이 사실이다. 만화가 가장 만화다우려면 누가 보아도 새빨간 거짓말을 누가 보아도 진짜처럼 포장하는 '능청스런 작업'에 능해야 한다.

임수(본명 임영의, 1928~) 선생의 데뷔 초기작품이자 작가의 대표작이랄 수 있는 만화 <거짓말 박사>. 이 작품은 '만화적 판타지'를 기대했던 우리 대중만화 초창기 독자들의 욕구를 한방에 충족시켜주었던 명작으로 꼽힌다. 지금의 장년 이상 연령층은 자신이 소년시절에 접했던 유쾌한 거짓말 만화백서(漫畵白書)로 두루 기억하는 작품이다.

디자인을 전공했던 작가가 깔끔하게 다듬은 귀엽고 앳된 얼굴의 주인공 캐릭터는 지금도 많은 기성세대가 친밀함을 느낀다. 한국전쟁이 막 끝났던 시절, 피폐하고 황망한 현실세계에 찌들려야 했던 어린이들에게 이 만화는 잠시나마 '마알간 웃음'을 던져주었기 때문이다. 만화 <거짓말 박사>는 1954년 창간된 만화잡지 『만화세상』(서봉재 발행)에 연재되었다가, 어린이 독자뿐 아니라 어른들에게도 폭발적인 반응을 얻자 다음해인 1955년 단행본만화로 제작되어 전국의 서점에 깔렸다.

임수의 단행본 만화 <거짓말 박사> 표지에는 "한국에 처음 소개되는 이야기"라며 '뮌히하우젠 원작(독일사람)'이란 설명이 적혀있다. 독일인 뮌히하우젠(Karl Heironymous Friedrich Baron von Munchausen, 1927~1797)은 실존인물이다. 러시아의 기병연대 대위로 터키전쟁에 두 번 참전했고 말년에는 독일의 하노버에서 사냥과 낚시를 즐긴 한량(閑良)이었다. 이 사람의 무용담과 사냥기, 모험담 등 인생이야기는 온통 '뻥'으로 각색돼 후세 사람들에 의해 소설로 발표됐다. 1785년, 영국에 망명한 독일작가 루돌프 에리히 라스페라에 의해 영어소설로, 다시 독일시인인 A. 뷔르거에 의해 이야기가 보태져 『뮌히하우젠 남작의 놀라운 여행과 무용담, 유쾌한 이야기』라는 제목으로 출판되었던 것이다.

임수의 만화 <거짓말 박사>에 소개된 내용을 예로 들자면, 포탄을 타고 적진의 상공으로 날아가 정탐을 한다든가 열기구를 타고 달나라까지 항해도 한다. 그리고는 지구의 활화산 불구덩이에 추락하기도 하고 거대한 바다괴물에게 먹히는 등 갖은 모험을 겪으면서 세계를 지배하려는 악의 화신 술탄을 쳐부순다는 것이 이야기의 줄거리.

임수의 만화 <거짓말 박사>는 발표 당시 독자들로부터 '이단자 같다'는 평을 받았다는 것이 작가의 회고이다. 그도 그럴 것이 당시 우리 만화계는 사실적인 그림체의 역사소재 만화가 주류를 이루었던 시절이었다. 이런 창작환경에서 그야말로 서구적 분위기의 만화체 그림에다 내용마저 황당무계한 거짓말투성이란 점은 매우 낯설었기 때문이다.

임수는 청소년기였던 일제 식민 시절, 당시 일본만화 <노라쿠로 하사관>을 보면서 만화가의 꿈을 굳혔다고 말한다. 이 만화는 '검둥개'가 주인공인 하사관으로 등장하는 명랑만화로, 전전(戰前) 일본의 최고 인기만화였다. 그는 신신백화점의 미술부사원으로 사회생활을 시작했으나 1954년 만화잡지 『만화세상』의 창간준비사원으로 스카웃된 뒤 본격적으로 만화가의 길을 걸었다. 1957년에는 만화창작전문 '임수 프로덕션'을 만들었고 이후 <거인> <촤이나(차이나) 박> <위대한 인디언> 등의 만화로 1960년대를 인기 만화가로 군림했다. 1990년대 이후 창작 후반기에는 성경을 소재로 하는 만화창작에 전념, 만화를 통한 선교에 주력하고 있다.

스포츠만화의 진수를 보여주었다, 박기정의 〈도전자〉

1960년대 중반 '리부가리'(빡빡머리) 헤어스타일로 학교를 다녔던 소년들이라면, 뭉뚱그려서 '만화 마니아'로 불러도 됨직하다. 어린이날은 있었지만 어린이를 위한 사회적 환경이나 시설이 전무했던 시절, 만화방은 마른버짐 핀 그 떠꺼머리 소년들의 유일한 '문화공간'이었기 때문이다. 그 시절의 빡빡머리들이 박기정의 <도전자>를 모른다면, 그는 아마도 지독한 공부벌레였거나 아니면 정기여객선마저 취항을 않는 자그마한 섬에서 살았던 소년이었을 게다.

박기정(1935~) 선생은 1965년, 한 소년 권투선수의 분투기를 담은 만화 <도전자>를 내놓았다. 가난한 환경의 소년이 생계와 학업을 위해 프로권투무대에 뛰어든다는 이야기였다. 모두 45권의 단행본으로 발행된 이 만화는 실질적으로 한국스포츠만화의 효시로 꼽혀진다.

<도전자>는 재일교포 소년 주인공 백훈(보통 '훈이'라고 불렀다)이 일본여성 하루코의 헌신적인 뒷바라지와 착한 소녀친구 미미의 격려로 일본의 기라성 같은 권투선수들을 차례차례 누르고 챔피언으로 등극한다는 가슴 찡한 내용의 작품이다. 여기에 깨소금 같이 등장하는 수경이, 오동추, 배뽀, 구홍이, 고구마 등 조연들의 감칠맛 나는 연기가 곁들여진다.

<도전자>는 스포츠만화라는 단순함을 비껴난 또 다른 측면에서 많은 소년독자들을 열광케 했다. 그것은 만화는 '기상천외하고 웃겨야 한다'는 만화 효용성에 대한 고정관념에 정면으로 반박한 만화였고, 대중적 인기몰이에도 성공했기 때문이었다.

한 소년권투선수의 처절한 삶이란 소재설정에서 느낄 수 있듯 <도전자>는 결코 명랑만화가 아니었다. 만화내용 전편에는 약소민족의 비애가 무거운 분위기로 깔렸고, 그 반발작용인 항일(抗日)과 극일(克日)의 정서가 그림칸 사이를 비집고 나왔다. 이런 극적(劇的) 배경은 작가의 뛰어난 붓 그림, 잉크

펜 터치 솜씨로 말미암아 더욱 리얼하게 묘사됐고, 마치 암울(暗鬱)과 페이소스에 절은 딥 퍼플(Deep Purple)의 팝송인 '용병'(Soldier of Fortune)의 멜로디마저 연상케 했다. 물론 이 애틋한 감성은 필자의 개인적 견해에 불과하지만. 만화 <도전자>는 당시 청소년들을 즐겁게 해주었다기보다 "생각하게 만들었다"고 해야 정확할 듯싶다.

박기정은 <도전자>의 창작배경에 대해 "우리의 청소년들에게 강인한 의지를 심어주는, 혼이 담긴 작품을 만들고 싶었기 때문"이었다고 설명한다. 선생의 이런 의도는 야구만화 <황금의 팔>을 비롯 <폭탄아> <비전자> <레슬러> 등 스포츠소재 만화를 잇달아 발표하면서 더욱 또렷하게 만화독자들에게 다가섰다. 스포츠를 통한 정정당당하고 투지 있는 청소년 상의 제시. 그것이 작가 박기정의 '만화창작관'의 한 가운데를 차지하고 있었던 것이다.

박기정 선생은 항일시인 윤동주가 어린 시절을 보냈던 만주 용정(龍井)에서 태어났다. 1946년 월남하여 서울의 경복중고교를 졸업하고 경희대 국문학과를 다녔다. 1956년 4월 중앙일보(현재의 중앙일보가 아님)에 4칸만화 <공수재>를 연재하면서 만화가로 데뷔했다. 1960년에는 <흰구름 검은구름>을 발표하면서 주인공 캐릭터 '훈이'와 '미미'를 탄생시켰다.

선생의 '만화를 통한 청소년 사랑'은 1978년, 중앙일보의 시사만화를 맡으면서 일단 막을 내렸다. 1999년 3월까지 박기정 화백은 중앙일보에서 1칸짜리 만평을 비롯, 캐리커쳐 작가로 활약했다. 2004년 12월에는 경기도 이천의 청강문화산업대학이 개관한 만화박물관의 개관기념 기획전시회로 '박기정-시대의 호흡과 시선'전을 가지기도 했다.

영원한 한국만화의 피터 팬, 김원빈의 〈주먹대장〉

'꿈의 공장'이라 불리는 만화.

어른이라고 해서 만화의 판타지를 즐기지 말라는 법은 없다. 요즘은 만화방은 물론이고, 지하철에서도 만화삼매경에 빠진 어른 '피터팬'들을 심심찮게 만날 수 있다. 영원히 늙지 않는 어린이의 모습, 인간이면 누구나 한번쯤 꿈꿔온 보편적 환상일지도 모른다.

김원빈(필명을 '김소암'으로도 씀. 1935~) 선생의 만화 <주먹대장>은 한국판 '피터팬 만화'의 원조라 꼽아 부족함이 없다. 주먹대장은 커다란 눈망울의 동그란 얼굴이어서 깨물러주고 싶도록 귀여운 소년의 모습. 그러나 불의(不義)와 맞닥뜨리면 불같은 정의의 화신으로 변신한다. 엄청나게 큰 오른손 주먹으로, 가공할 만한 위력의 펀치를 내지르며 사악한 어른들을 혼내준다.

<주먹대장>은 우리 만화사의 최장수 어린이만화 캐릭터로 꼽힌다. 작가의 대표작이자 창작활동 전성기의 대부분을 할애한 30여 년 동안 꾸준히 발표되었기 때문이다. 이 만화는

처음 1958년에 서점판매용으로 발표되었다. 1964년에는 만화방용 단행본(8권)으로, 1973년부터 1982년까지는 어린이만화 잡지 『어깨동무』에 장기연재된 바 있다. 그런가 하면 1992년에는 『아이큐 점프』에 연재를 속개(續開)해 화제가 됐다. 그래서 김원빈의 <주먹대장>을 기억하는 세대는 지금의 환갑세대에서 20대에 이르기까지 전 세대를 망라한다. 우리 만화판의 '피터팬 신드롬'을 만들어낸 주인공이라 이름붙일 만하다.

김원빈은 만주에서 독립운동에 헌신했던 부모님 아래서 어린 시절을 보내다 해방 직후 귀국했다. 1953년 <태백산맥의 비밀>로 만화가로 데뷔한 뒤 지금까지 수많은 타이틀의 다양한 어린이만화 장르를 섭렵했다. 그러나 김원빈의 창작성향을 커다란 흐름으로 짚어보자면, <주먹대장>류의 '피터팬 만화'에서 오롯하게 솟구친 특징을 찾을 수 있다. <주먹대장>을 비롯해 <아기포졸>(1965), <척척동자 아기>(1967), <번개동자>(1985) 등이 그러한 성향의 작품이다. 이 작품들에는 하나같이 환상적인 힘을 발휘하는 귀여운 어린이가 주인공으로 등장한다. 영국 스코틀랜드출신의 극작가 제임스 베리(J. M. Barrie, 1860~1937)경이 원작을 썼던 연극 「피터팬, 영원히 늙지 않는 소년」의 모습이 한국에서는 김원빈의 만화그림을 빌어 활짝 꽃을 피워온 셈이다.

창작은 작가의 혼이 담기는 작업이라 했던가. 김원빈 선생의 심성은 어린이의 마알간 모습 바로 그것이라는 게 동료 원로작가들의 평이다. 피터팬을 닮은 만화가의 감성, 그것이 최장수 어린이만화 캐릭터 <주먹대장>을 만들어낸 힘이었다. 작가의 전성기 시절, 마감을 독촉하러 화실 문밖까지 들이닥친 잡지사 기자를 따돌리기 위해 봉창 문을 열어젖히고 지붕 위로 달아나다 붙잡히기도 했다는 '유쾌한 전설'은 우리 만화사에 회자되는 김원빈 선생만의 에피소드다. 그는 동료나 후배 만화가들에게는 가슴을 열고 이야기를 들어주는 맏형이고, 언제 어디서건 웃음을 머금은 그의 얼굴은 유머와 조크로 넘쳐난다.

그래서인지 칠순의 현역 만화가로 활동하는 선생은 자신의 캐릭터 '주먹대장'을 빼다박은 동안(童顔)을 유지하고 있다. 상업주의의 시류(時流)를 좇아 '돈 되는 만화'만 그리는 일부 만화가들에게는 선생의 외길 만화인생이 하나의 작가주의의 '전범'이 되고 있다.

제임스 베리는 살아생전 "인생이란, 겸손을 배워나가는 기나긴 과정이다"라고 설파한 적이 있다. 필자가 지난 십여 년간 만나 뵈었던 김원빈 선생의 모습과 너무도 잘 어울리는 말이 아닐 수 없다.

섹시한 성인만화의 개척자, 박수동의 〈고인돌〉

전(前) 미국대통령 존 F. 케네디는 "이 세상에서 확실히 존재하는 세 가지는 신(神)과 어리석은 인간 그리고 웃음이다."

라고 말한 적이 있다.

이 말에 맞장구를 쳤던 미국의 유명한 만화작가 조니 하트(Johnny Hart)는 "앞의 두 가지야 나로서도 어쩔 수 없지만, 웃음만은 내가 확실히 만들어낼 수 있다"라고 장담한 바 있다. 조니 하트는 1958년에 선사(先史)시대 조상들의 유쾌한 일상을 4칸 띠[帶] 만화로 창작한 <원시로 돌아가다 Back to the B.C>를 창작한 주인공으로, 이 만화는 지금도 미국의 작가 신디케이트(Creators Syndicate, Inc.)에서 창작·배급돼 전 세계 1천여 신문에 연재중이다. 조니 하트는 미국이 국보처럼 아끼는 만화가이면서 유머리스트로 한 시대를 풍미했다.

미국의 <원시로 돌아가다>에 필적할 만한 만화가 우리에게도 있다. 구불구불한 선화(線畵)체 그림과 에로틱한 분위기로 원시조상들의 유쾌한 일상을 보여주었던 박수동(1941~) 선생의 <고인돌>이 그것이다. <고인돌>은 한 시절 성인주간잡지의 대명사였던 『선데이 서울』(폐간)에서 간판역할을 했던 연재만화로, 1974년부터 1991년까지 무려 17년 동안, 당대 최고 인기만화의 자리를 장기집권한 바 있다.

<고인돌>의 만화적 분위기는 조니 하트의 <원시로 돌아가다>와 많이 닮아있다. 그러나 성냥개비에 먹물을 찍어 그리는 <고인돌>의 그림체는 조니 하트의 꽉 짜인 듯한 로트링 펜선 그림과는 사뭇 다른 분위기다.

<고인돌>에서 빼놓을 수 없는 또 하나의 매력은 글씨체다. 허투루 그린 듯한 그림이지만 꽉 짜인 구도, 그에 걸맞은

휘청휘청 끊어질 듯 흘러내리는 글씨체. 첫눈에 보자면 누구나 흉내 낼 수 있을 것 같은 어수룩함이 엿보이지만 막상 따라 하려면 그 누구도 흉내 낼 수 없는 매우 어려운 그림이다. 대개의 만화창작이 그러하지만, 인기를 얻은 만화의 그림체는 보통 아류의 창작패턴이 생겨나게 마련이다. 그러나 한때 최고의 인기 만화로 장기간 군림했던 <고인돌>의 그림체는 지금껏 아무도 흉내 내지 못하고 있다.

박수동의 구불구불한 글씨는 그림과 묘한 앙상블을 이루면서 <고인돌>을 더욱 감칠맛 나게 했다. <고인돌>이 처음 발표되었을 당시 많은 독자들은 "이런 만화도 있을 수 있구나"하며 감탄했다. 기존의 만화와는 완전히 다른 형식미를 선보였기 때문이다.

<고인돌>은 실질적인 의미에서 한국 성인만화의 첫 장(章)을 열었다는 평가도 받는다. 당시만 해도 우리 사회분위기는 만화매체의 질펀한 성적(性的) 담론을 용납하지 않았다. <고인돌>은 이런 고루했던 사회분위기를 단숨에 깨고 말았다. 뛰어난 만화적 상상력과 작품의 완성도가 뒷받침되었기에 가능한 일이었다.

<고인돌>에는 남성 등장인물들이 여성을 그려놓은 바위를 포옹하는 장면이 있다. 그리고 한참 뒤 바위에는 구멍이 송송 뚫리고 만다. 그런가 하면, 남녀가 나란히 수영을 하다가 여자만 유독 물 속에 잠기고 마는데 그 이유는 "여자에게는 '물 새는 구멍'이 있기 때문"이라고도 한다. 하나같이 질펀한

Y담(談)이지만 만화적 해학과 위트로 말미암아 비난보다는 오히려 많은 찬사를 받았다. <고인돌>이 단행본으로 묶여 나왔을 때 문학평론가 이광한은 "박수동 만화에 그려지는 에로티시즘은 우리 선인들이 간직했던 해학과 유머를 그대로 물려받은 것이다. 우리가 단원 김홍도나 혜원 신윤복의 풍속화에서 볼 수 있는 한국인의 전통적인 유머가 박수동 만화에서 그대로 재현되고 있는 셈이다"라는 서문을 썼다.

키가 크고(185cm) 박수동 선생은 낚시와 바둑을 취미 이상으로 즐긴다. 유유자적한 성격에서 뿜어져 나오는 기발한 만화적 발상으로 말미암아 지금도 각종 사보(社報)담당자들이 '특A급 만화가'로 대우하고 있다. 1960년 부산사범학교를 졸업, 5년간 경남 밀양에서 교직생활을 했지만 교육신문 및 잡지기자로 전직하면서 만화가의 길을 걸었다. 대표작 <고인돌> 외에도 1970년대 중반부터 20여 년간 여성잡지에 연재한 <와이프행진곡>을 비롯해 어린이만화 <번데기 야구단>(1975) 등 숱한 인기만화를 창작해왔다.

조용한 가운데서 그러나 쉼 없이 '만화창작'을 이어가는 삶, 박수동 선생이 세상을 살아가는 방식이다.

한국 최초의 우주소재 SF만화, 박기당의 〈유성인 가우수〉

유성인(流星人) '가우수'가 지휘하는 수백 대의 비행접시가 미국 극동함대의 항공모함 '력신호'를 무차별 공격하고 있다. 그 까닭은 유성인(혹성의 사람)들이 지구에서 만든 원자탄과 전자무기 등을 탈취, 지구를 공격하기 위해서다. 유성인들은 원래 평화롭게 살았지만, 지구의 S국(냉전시대의 '소련연방'을 지칭)이 쏜 우주로켓에 '가레오'라는 유성이 피폭당하고, 이로 말미암아 수많은 혹성인들이 죽고 말았다. 이를 보복하기 위해 유성인들은 힘을 모으고 '가우수'를 대장으로 한 지구정벌대를 구성, 피비린내 나는 스타워즈를 시작한다. 유성인 가우수는 지구정벌 야전사령부를 서울 외곽의 북한산 지하에 건설했다.

이 한국판 '만화 스타워즈'는 1965년 2월에 발행된 박기당(본명 박성근, 1922~) 선생의 역작 <유성인 가우스>의 내용이다. 이 만화는 상·하권 단 두 권으로 발행됐지만, 우리 만화사에 끼친 영향은 매우 컸다. 우선은 우주전쟁을 소재로 한 사실적인 스토리구성의 첫 만화작품이었고, 이후 창작된 한국의 우주소재 SF만화의 나침반 역할을 했다는 점이 도드라진다. 가우수(Gauss)는 물리학에서 자기(磁氣)를 유도하는 전자단위를 일컫는다. 자석의 끌어당기는 힘을 표시할 때도 이 단위를 쓴다. 1960년대 당시만 해도 가우스라는 단어는 상당히 세련된 '물리학 용어'였음을 알 수 있게 하는 대목이다.

지금의 흰머리 장년층 가운데에는, '유성인 가우수'라는 만화제목을 대면 금세 "아하, 그 안경 낀 가우수!"라며 무릎을 치는 사람이 많다. 1960년대 중반 웬만큼 만화를 즐겼던 소년층에게는 박기당의 <유성인 가우수>가 동시대를 공유했던 하나의 기호(code)이자 예시(exemplar)에 다름 아니었기 때문이다.

스치고 지나가듯 우리 만화사의 한 부분을 장식했던 2권짜리 만화가 이렇듯 당시 청소년들의 뇌리에 깊이 각인될 수 있었던 까닭은 무엇이었을까. 그것은 작가 박기당 선생의 탁월한 창작역량에서 찾을 수 있다. 이 만화에는 정통미술을 전공한 탄탄한 데생 실력을 바탕으로 한 사실적인 그림체와 음흉하게 보이지만 궁금증을 더하는 주인공의 캐릭터 이미지, 거기에 그물망처럼 촘촘하게 짠 복선이 더해졌다. 말하자면, 실감나는 그림체와 잘 짜인 콘티로 말미암아 당대 최고급 완성도의 만화작품이 탄생됐던 것이다.

만화매체가 갖는 강점 가운데 첫손에 꼽히는 것이 바로 '이미지 표현력의 무한대'라는 것이다. 광활한 은하계가 배경이 되는 우주전쟁이든 수백만 명의 병사가 벌이는 전투신이든 솜씨 좋은 한 만화가의 펜대 하나라면 너끈하게 장면묘사가 가능하다. 만약 이런 분위기의 작품을 실사(實寫) 영화나 애니메이션으로 제작하려면 그 비용은 실로 천문학적인 숫자에 이르게 될 것이다. 때문에 미국 SF영화의 대부분, 즉 「스타워즈」나 「스파이더 맨」 「아이언 맨」 등의 원전은 모두가 만화다. 만화를 통해 인기가 검증되면, 비싼 돈을 들여서라도 영화를 만드는 것이다.

박기당의 전성기 시절, 만화창작의 주종목은 사극 장르였다. 그의 대표작들은 대부분 역사를 소재로 하고 괴기, 공포분위기가 감도는 스릴러물이다. <유성인 가우수>는 마치 박기당 만화의 메인 스트림에서 곁가지로 불거진 서자(庶子) 같은 모습을 띠고 있기도 하다.

박기당은 1922년 일본에서 태어나 오사카 상공(商工) 미술학교를 졸업했다. 해방조국에서 청년기를 시작한 박기당은 한때 극장의 간판을 그리기도 했으나 한국전쟁을 전후한 시기에 '딱지만화'(손바닥 크기의 간이만화)를 그리면서 만화가의 길을 걸었다. 대표작으로는 <불가사리>(1959) <파고다의 비밀>(1961) <서유기>(1968) 등이 있다.

1967년에는 만화가협회회장으로 피선, 만화가의 저작권보호를 위해 힘쓰기도 했다.

예쁜 소녀의 커다란 눈망울, 엄희자의 순정만화

커다란 눈망울에 긴 속눈썹, 오똑한 콧날, 툭 건드리면 금방이라도 눈물이 뚝뚝 떨어질 것 같은 청순가련형의 소녀. 이런 공주풍의 소녀그림은 지금도 우리 여학생들이 가장 많이 그리는 단골메뉴로, 대부분 만화의 주인공을 모델로 하고 있다.

만화산업의 최대고객은 청소년 그룹이고, 그 중 70% 이상이 떠꺼머리 소년들이다. 소녀들은 상대적으로 소수지만, 분명한 자기목소리를 가지고 있는 엄연한 '제2위 소비계층'이다. 이들을 위한 만화는 여성만화가가 창작하는 경우가 대부분인데, 그 이유는 이야기 구성에서 여성만이 느낄 수 있는 고유한 감수성을 담아내야 하기 때문이다. 알콩달콩한 내용에다 잔잔한 감수성을 담아내는 만화, 그래서 우리는 소녀취향의 만화를 '순정(純情)만화'라 부르고 있다. 만화왕국인 이웃나라 일본의 경우 여성만화독자층을 미성년과 성인으로 나누고, 틴에이저들이 찾는 만화를 '소녀만화', 후자를 '레디코미'(lady comics)라 부른다.

우리나라의 순정만화 전성기는 1960년대부터 약 20년간 만화방용 만화와 잡지만화를 통해서 구가되었다. 이 시기 최고의 인기작가로 당대 소녀독자들을 웃고 울렸던 이가 바로 엄희자(1942~) 선생이다. 이범기, 조원기 등 당대 인기만화가의 문하에서 오랜 기간 그림수업을 받았고, 1963년 <공주와 기사>란 만화로 데뷔를 했다.

엄희자 만화의 매력은 군더더기 없는 깔끔한 그림체다. 한국만화사 백 년을 통틀어, 가장 예쁜 소녀모습을 만화 칸에 담아냈던 주인공이랄 수 있다. 대개의 여성작가들이 예쁘고 귀여운 소녀주인공 얼굴을 묘사하고 있지만, 인체나 풍경 등의 배경그림 데생에서는 남성작가들에게 다소 뒤지는 것이 사실이었다. 그러나 엄희자의 경우, 만화그림으로서는 완벽에 가까운 인체묘사와 배경처리 솜씨를 보여주었다. 때문에 1960년대 이후 우리 순정만화의 창작경향은 '엄희자 풍'이 본류(本流)를 이루었다. 순정만화 최초의 '창작교과서'라 불릴 만했다.

엄희자 만화의 또 다른 장점은 당시 우리 소녀들이 공감했던 '우리식 이야기구성력'이었다. <카치아> <보리피리>

<하얀등대>(이상 1966)를 비롯해 <사랑의 집>(『빨강머리 앤』각색만화, 1969), <푸른지대>(1979), 그리고 1980년대 초반에 발표한 <사운드 오브 뮤직>에 이르기까지, 엄희자는 순수창작품과 외국소설의 각색 등 다양한 순정만화를 창작해냈다. 외국소설 원작의 경우에도 철저한 '엄희자식 만화각색'으로 독특한 분위기를 창조해냈다. 이 만화들은 우리 소녀독자들의 심금을 울리는가 하면, 때로는 따스하게 어루만졌다.

엄희자는 1967년 인기 남성만화가이자 그림스승이었던 동갑내기 조원기(趙元基)씨와 결혼, 당시의 우리 만화계에 커다란 화제가 되기도 했다. 한국만화의 역사상 첫 '스타만화가 부부'가 탄생했기 때문이다.

1984년 미국으로 이민을 간 엄희자는 곧바로 현지 애니메이션프로덕션에 스카웃되어 남편 조원기와 함께 원화(原畵)작가로 활동했다. 1998년부터 로스앤젤레스 팍스일레븐 TV방송국 계열의 애니메이션회사에 근무했고 지금도 애니메이션 제작사 '리브렛'에서 애니메이터로 근무하고 있다. 엄희자는 미국 L.A의 애니메이션 제작자들로부터 "환상적인 소녀의 모습을 그려내는 한국의 만화가"로 불리는 등 성가(聲價)가 높다.

필자가 『한국만화인명사전』(시공사 발행)을 집필할 때 엄희자 선생과 국제전화로 통화한 적이 있다. 수화기를 통해 들려온 엄 선생의 목소리는 아직도 소녀의 꿈을 간직한 '순정만화의 여주인공'이었다. 엄희자 선생은 "미국에서 오래 살았고, 이곳에서도 만화와 관련된 일을 지금도 하고 있지만 언제나 나는 한국 사람이란 점과 특히 한때나마 최고의 순정만화작가 였다는 프라이드를 결코 잊지 않고 있다"고 전했다.

엄희자 선생의 순정만화는 한국과 미국을 통해 '시들지 않는 꽃'으로 지금도 피어나고 있는 중이다.

풋풋한 1960년대식 청소년 러브스토리, 이상무의 〈노미호와 주리혜〉

1960년대 중반은 박정희 군사정권의 개발독재가 급물살을 탔던 시기다. 어른들은 너나 할 것 없이 '재건복'이란 것을 입었다. 골덴 천으로 만들어진 이 옷은 중국대륙을 공산혁명으로 이끌었던 마오쩌뚱(毛澤東)이 그의 트레이드마크처럼 늘 입고 다녔던 인민복을 쏙 빼다 박았다. 획일화와 효율성이 강조되던 시절이었기에 일사불란한 결집력을 과시하기 위한 복장이었으리라 짐작된다. 이런 딱딱한 1960년대의 사회분위기 아래서 '청소년 문화'란 언감생심 꿈도 꾸지 못할 사치였다. 영화관에 출입하는 비행학생을 적발하기 위해 극장마다 생활지도교사가 암행을 했고, 극장관람석을 한눈에 살필 수 있는 뒤쪽 높은 곳에는 경찰관용 임검석이 따로 설치돼 있었다. 지도교사에게 적발된 학생은 사정없이 명찰이 뜯겨져 나갔고, 다음날이면 교무실에 호출된 까까머리 학생은 어김없이 '회초리 타작' 세례를 받았다. 심지어는 정학이라는 중징계도 뒤따랐다.

이런 캄캄했던 시대환경을 뚫고, 남녀 고교생이 벌이는 풋풋한 '강아지 사랑'(puppy love)을 소재로 한 만화가 발표돼 청소년 사이에서 커다란 인기를 끌었다. 1965년에 잡지『여학생』에 발표된 <노미호와 주리혜>란 연재만화였다.

박기준(1941~) 선생이 처음 연재를 시작한 이 만화의 제목은 세익스피어 원작의 희곡「로미오와 줄리엣」을 한국식으로 패러디한 것이었다. 잡지의 4쪽 분량에 그림칸은 모두 30여 개였던 이 만화는 1966년부터 박기준의 후배 이상무(본명 박노철, 1946~)가 바통을 이어받으면서 더욱 큰 인기를 끌어 모았다. 깔끔한 그림체와 청소년의 심리를 꿰뚫는 작가의 창작역량 때문이었다. 이상무의 <노미호와 주리혜>는 1980년까지 무려 15년간이나 연재가 지속됐다.

<노미호와 주리혜>의 내용은 지금의 청소년들이 보아서는 "유치하다"고 말할 게 뻔한 줄거리다. 노미호는 언제나 교모(校帽)를 쓰고 등장하고, 주리혜 역시 당시 여고생의 단발머리에다 교복스타일의 옷을 입고 있다. 매월 하나씩 소개되는 에피소드도 거기에서 거기다. 1966년 11월호『여학생』에 실린 만화내용을 소개해보면 이렇다.

주리혜의 옆집에 핸섬하고 공부 잘하는 남자고교생 서일록이 이사를 온다. 서일록은 이사 온 당일 배구공을 주리혜 집 담장 안으로 던져 넣고는, 공을 주워달라며 주리혜와 '접선'을 시도한다. 서로 인사를 나누면서 초등학교 동창 사이임이 밝혀지자 주리혜와 서일록의 관계는 급속히 가까워진다. 이 광

경을 창문으로 지켜본 노미호는 새로운 연적의 등장에 위기의
식을 느낀다. 급기야 여동생의 돼지 저금통을 털어 주리혜의
남동생을 구워삶기 시작한다……. 이런 식의 내용이다.

그러나 당시 시대상황으로 보아서 <노미호와 주리혜>의
교제는 소년소녀들의 가슴을 설레게 하기에 충분했다. 초등학
교 고학년 때부터 남녀를 분리한 반 편성은 고교를 졸업할 때
까지 이성(異性) 간의 접촉을 강제로 차단했다. '남녀칠세부동
석' 원칙이 제도권교육에서 철저하게 시행된 시기였다. 중고
교생들의 학교 밖 이성교제행위는 불량학생의 소행으로 간주
되었다. 청소년들의 외출복은 당연하게도 '교복'이었고, 그 옷
차림은 청소년의 일거수일투족을 옭아맨 족쇄였다.

<노미호와 주리혜>는 박정희 군사독재정권의 잿빛 사회
아래에서 탄생해 1980년, 정권의 몰락과 함께 연재가 끝난
'묘한 인연'도 가지고 있다. 그 시기에 학창시절을 보낸 지금
의 부모세대에게 이 만화는 책갈피에 끼워놓았던 단풍나무 잎
사귀와 셰익스피어의 「로미오와 줄리엣」처럼, 가슴 한쪽에 고
이 자리 잡는다.

중견만화가 이상무는 <노미호와 주리혜>로 확고한 작가
의 반열에 올라섰다. 1970년대 중반 이후에는 '독고탁'이라는
만화주인공을 내세워 역경을 이겨내는 감동적인 소년만화를
잇달아 발표해 당대 최고의 만화가로 우뚝 섰다. 이상무라는
이름은 우리 만화사에서 '유난히 청소년을 사랑하고 그들을
보듬었던 작가'로 기록될 만하다.

배회하는 서울의 청춘군상, 강철수의 '발바리'

사람 사는 곳이라면 으레 임계인간(臨界人間)들이 존재하기 마련이다. 이도 저도 아닌 애매모호한 위치에 서 있는 사람. 허우대 멀쩡한 성인이로되 경제적 능력이 없는, 그래서 학비며 용돈까지 부모에게 손 벌리는 20대 중반의 대학 복학생 군상(群像)도 그 범주에 든다. 땅거미 질 무렵 명동이나 압구정동쯤의 골목에서 불쑥 튀어나올 만한 '배회하는 청춘'. 30년 전에 이미 그 군상들을 뭉뚱그려 '발바리'라고 명명(命名)한 사람이 있었다. 만화가 강철수(본명 배윤식, 1944~)가 바로 그다.

'발바리'는 톱날같이 치켜 선 더벅머리가 트레이드마크다. 굵은 가로줄 검정무늬 티셔츠와 청바지가 패션의 전부다. 겨울철이면 '돕바'라 불리는 두둑한 외투를 그 위에 덧입는 것이 전부다. 발바리의 본명은 달호. 그의 모습은 생맥주와 기타, 청바지로 대변되던 소위 '1970년대 청년문화'의 전형이다. 1970년대는 한국의 전 분야가 고도성장을 했던 시절이고 그 한 편에서는 '소외된 젊음'이 서성거렸다. 발바리는 그 시대적 분위기에서 어쨌거나 젊음을 구가한답시고 이 여자 저 여자의 꽁무니를 쫓아다니지만, 대개의 경우 실패하고 만다. 가끔은 '작업당일'로 여관방엘 직행하는 인스턴트 사랑도 만끽한다. 그러나 그 사랑의 끝은 언제나 공허하기만 하다.

강철수의 성인만화 주인공 '발바리'는 1972년에 태어났다. <사랑의 낙서>라는 얄팍한 가판용 성인만화를 통해서였다.

당시 우리 만화계는 1969년에 창간된 최초의 스포츠신문「일간스포츠」에 막 성인만화가 등장, 인기를 끌 무렵이었다. 강철수의 만화 <사랑의 낙서>는 신세대 청년들의 애정관을 작가 특유의 1인칭 에세이 형식으로 그렸다. 청년들의 심리를 "족집게처럼 집어내고 있다"는 평가를 받으며 이 만화는 발표되자마자 장안의 화제를 끌었다. '발바리 시리즈'는 인기의 여세를 몰아 <팔불출> <내일 뉴스> 등의 제목으로 신문연재가 이어졌고 1980년대에는 <발바리의 추억>으로, 1990년대에는 <돈아 돈아 돈아>로까지 계속됐다. 한 더벅머리 도시청년이 펼치는 만화 애정풍속도가 무려 20년을 넘게 롱런하는 진기록을 세웠던 것이다. '발바리'는 1970년대 이후 어정쩡한 젊은 세대를 지칭하는 상징어(象徵語)가 되고 말았다.

만화 <발바리의 추억>은 1990년 작가 강철수가 직접 메가폰을 잡아 동명(同名)의 영화로도 제작, 발표됐다. 또 대학로에서는 연극으로도 공연됐다. 그런가 하면, 2003년 1월 1일부터는 KBS-2TV에서「헬로! 발바리」란 타이틀의 일일드라마로 만들어지기도 했다. 대본은 만화가 강철수가 직접 썼다. 이런 점에서 보자면, '발바리'는 만화에서 출발해 31년 동안 연극, 영화, TV드라마 등 대중문화 장르의 일관공정(一貫工程)을 거치거나 혹은 다양한 장르확대를 통해 콘텐츠가 재생산된 우리나라 최초의 대중문화상품이랄 수 있다.

만화가 강철수는 당대의 문필가를 배출해냈던 서라벌예술대학(중앙대 전신) 문예창작과 출신이다. 그림실력이 뛰어나

고교 재학 중이던 1960년에 이미 어린이만화 <명탐정>을 발표, 프로 만화가로 데뷔했다. 숱한 어린이 인기 만화와 <바둑이야기> 등 성인취향 만화를 발표했고 지금도 현역으로 활동 중이다. 1980년대에는 인기 어린이 TV드라마「호랑이 선생님」의 대본도 400여 회 집필했고, 어눌하지만 재치 있는 입담으로 방송가에서 인기게스트로도 활동했다.

우리 시대를 대표할 만한 최고의 인기만화가 강철수는 1997년, 한 기독교단체가 스포츠신문 연재만화작가들을 음란만화 생산 및 유포행위로 집단 고발하는 바람에 졸지에 '범죄자 혐의'를 뒤집어쓰기도 했다. 검찰의 기소는 2000년 "위헌의 소지가 있다"는 재판부의 의견과 함께 헌법재판소로 이관됐다. 당시 필자와의 전화통화에서 강철수는 "이 땅에서 만화가라는 직업으로 살아가기가 이렇게 힘들 줄은 몰랐다"고 떨리는 목소리로 말했다.

21세기 초반의 한국을 이끄는 핵심파워는 흔히 '386세대'라고 지칭된다. 이 고유명사는 이제 외국의 정계에까지 잘 알려져 있다. 386세대를 쉽게 또 코믹하게 표현하는 또 다른 단어는 '발바리 세대'다.

분단의 아픔을 만화에 담았다, 허영만의 〈오! 한강〉

한국전쟁과 남북분단이라는 시대상황은 지난 한 시기 우리

문화창작 영역에서 숱한 금기를 양산해낸 바 있다. 한반도를 반으로 나눈 남과 북은 서로가 극도의 냉전 이데올로기로 무장, 한 치의 사상적 양보도 허락지 않았다. 만화원고에 대한 사전검열이 기승을 부렸던 1960년대에는 레드 콤플렉스(red complex)가 절정에 달했던 시기로, 만화책 표지 컬러인쇄조차 '빨강 원색'을 쓰지 못한 암울했던 시절이었다. 이런 금기조항들은 1980년대 후반 우리 사회의 민주화 욕구가 분출되면서 하나하나 제거되기 시작했다. 남북분단 이후 이데올로기적 측면에서 '같은 민족'이라는 관점에서 접근한 첫 노작은 <오! 한강>으로 꼽을 수 있는데, 이 만화의 발간이 바로 그 '해빙의 전초' 역할을 했다.

허영만(본명 허형만, 1947~)의 <오! 한강>은 1987년 잡지 『만화광장』에 첫선을 보였다. 그러나 이 만화가 우리 신세대들에게 광범위하게 구독된 것은 잡지에 연재된 2년치의 만화가 타임출판사에서 80쪽짜리 10권의 단행본으로 묶여 만화방에 깔리면서부터였다. 이 작품은 당시 대학생들과 젊은 세대들에게 커다란 반향을 불러일으켰다. 일부 대학에서는 <오! 한강>에 대한 포럼이 개최되는가 하면, 술자리의 토론거리로도 자주 등장했다.

<오! 한강>의 주인공은 해방공간의 한 부분을 서성였던 젊고 나약한 지식인들을 상징하고 있다. 그들의 삶과 현실, 나라와 민족에 대한 사색의 편린(片鱗), 이런 것들이 소묘처럼 그림칸 구석구석을 메운다. 대중상업만화라는 오락용 매체에

담기에는 버거운 내용이었다. 그럼에도 이 만화는 남북분단과 이데올로기를 재조명하려 했던 1980년대 후반의 우리 사회 정서(情緖)에 딱 맞아떨어졌다. 만화 속에는 그간 철저히 금기시했던 북한 공산정권의 인공기(人共旗)가 펄럭이는가 하면, 남한 독재정권에 대한 비판도 스스럼없이 등장한다. 우리 만화사 최초로 진지한 모습의 '이데올로기 접근'이었던 것이다.

주인공 이강토는 일제 식민시절 가난한 소작농의 아들로 태어났다. 외세에 의한 불완전한 8.15 해방, 그때 이강토는 공산주의에 몰입하게 된다. 자진월북하고 열성공산당원이 돼 선전부장의 직책을 맡는다. 그러나 곧 이은 한국전쟁으로 말미암아 그는 의용군으로 참전하게 된다. 수용소 생활 중 여러 곡절을 겪으면서 이강토는 마침내 북쪽을 포기, 반공포로로 석방된다. 한강이 흐르는 옛 고향 서울로 그는 돌아온다. 이강토의 이야기는 여기서 멈추지 않는다. 자유를 갈구하는 화가로서의 삶이 펼쳐지기 시작한 것이다. 한국전쟁 이후 잇달아 등장했던 독재정권과 그 끝을 암시했던 유신체제 속에서 이강토는 숱한 번민에 사로잡힌다. 작가로서는 성공적인 삶을 살지만 늘 기억의 뒤편에 자리 잡는 '민족문제'가 그것이다.

끝부분이 다소 진부한 반공(反共)의 모습으로 낙착되지만, 허영만이 던져준 만화 메시지 <오! 한강>은 참으로 많은 사람들의 기억에 남았다. 이 만화의 창작에 실질적인 도움을 준 것은 당시의 안기부(현재의 국가정보원)였다. 그러나 만화가 발표되자 내용을 꼬투리 잡아 이것저것 시비를 건 쪽도 안기부였다는 것이 작가의 토로다. 안기부가 먼저 이 내용의 작품 힌트를 던져준 것은 "사회의 전반적인 민주화 욕구와 함께 신세대들의 남북통일관이 기성세대와 다른 분위기로 접근하고 있었기 때문에, 안기부에서 미리 선수를 쳐서 '건전한 통일관'을 계도하기 위해서였을 것"으로 작가는 짐작한다.

허영만은 "잡지연재 후반에 접어들면서, 이야기 전개가 안기부 측에서 의도하는 것과 다르다고 판단했는지, 책을 압수하는 등 다양한 '압력'을 가했다"고 소개한다.

허영만은 1966년 고교를 졸업하고 이향원, 엄희자 등 당대 최고실력의 만화가 아래서 문하생 생활을 거친 뒤 1974년 소년한국일보에 <집을 찾아서>로 데뷔를 했다. 이후 30년간 허영만은 우리나라를 대표하는 최고 인기작가의 자리를 한 번도 놓치지 않았다. <각시탈>(1975) <무당거미>(1984) <미스터 손>(1989) <아스팔트 사나이>(1992) <비트>(1994) 등 200여 작품들은 그때마다 빅 히트를 기록했다. 현재 일간신문에 연재중인 <타짜>(2000년~) <식객>(2003년~)도 오늘의 우리 만화를 대표하는 인기작으로 꼽힌다.

허영만은 지금도 왕성한 창작을 하고 있지만, 그러나 격주마다 백두대간 산행을 수년째 지속해오고 있는 '지독한 산사나이'자 '심지 있는 한국만화가'이기도 하다. 필자와 만날 때면 허영만은 늘 웃는다. "요즘 어떻습니까?"라는 물음에는 마치 선승(禪僧)의 선문답처럼 "만화가의 삶과 인생은 만화작품 속에서 고스란히 드러난다. 그것은 고뇌의 연속이다"라는 대

답에 빙긋 웃음을 보태곤 한다.

우직한 남자가 그린 의지의 한국소녀, 이진주의 〈달려라 하니〉

대중문화가 정보화 사회의 '주류문화'인 이유 가운데 하나는, 당대를 상징하는 패러다임(paradigm)을 설정할 수도 있는 그 막강한 파워에서 찾을 수 있다. 지난 1990년대 후반에 쓰나미(震波)처럼 한국경제를 한순간에 덮쳤던 위기상황, 곧 이은 국제통화기금(IMF)의 구제금융 사태가 발발하면서 우리 사회에는 '피로 증후군'이 짙게 드리웠다. 그 후유증은 지금도 우리를 기진맥진하게 하고 있다. 갈수록 살기 어렵고 사회분위기마저 더욱 팍팍해지는 요즘의 우리나라에는 그래서인지 "아, 옛날이여~"를 노래하는 사람들이 의외로 많다. 그 가운데에는 "지구촌이 깜짝 놀랐던 서울올림픽을 치러낸 그 원기 왕성했던 1980년대의 대한민국"을 그리워하는 사람도 있다. 1980년대를 상징했던 '하면 된다'라는 우리 사회의 암묵(暗默)적 동의는, 하다못해 〈달려라 하니〉라는 당시 최고의 인기만화에서도 극명하게 드러났다.

이진주(본명 이세권, 1952~)는 1980년 〈하니와 황태자의 사랑〉이라는 만화를 처음 발표, '하니'라는 어여쁜 소녀 캐릭터를 탄생시켰다. 하니 시리즈는 10여 년간 25개의 타이틀로 잇달아 만들어졌는데, 〈달려라 하니〉는 1985년에 발표된 하니 시리즈의 대표작이다. 이진주라는 예쁜(?) 필명과는 달리, 실제 '하니'를 창작한 만화가는 당당한 체구와 두주불사형인 중년남성이다. 게다가 말수도 적고 묵직한 바리톤의 전형적 남성의 외모라면, 대부분의 여성만화독자들은 "실망했다"고 말할 것이 분명하다.

<달려라 하니>는 엄마와 사별한 한 소녀가 강인한 정신력으로 불우한 환경을 극복하고 육상선수로 대성한다는 이야기를 담고 있다. 만화 제1권의 첫 장면은 남녀공학인 '빛나리 중학교'의 입학식. 입학식 등교 때부터 복장불량으로 지적돼 규율부 언니와 싸움을 벌이는 말썽꾸러기 '하니'가 등장한다. 하니는 엄마와 사별한 결손가정의 소녀. 아버지는 유지애라는 여자 탤런트와 재혼하지만, 하니는 새엄마에게 거부감을 드러낸다. 생모에 대한 그리움이 소녀의 가슴팍에 너무나 커다랗게 각인된 탓이다.

하니는 생전의 엄마 모습이 그리울 때마다 엄청난 스피드로 내달리면서 그 슬픔을 이겨내곤 한다. 이런 모습을 지켜본 수염투성이 총각 담임선생님 '홍두깨'는 육상부를 신설, 하니를 육상선수로 키워나간다. 여기에 하니를 스토킹(?)하듯 따라다니는 짝꿍 남학생 이창수가 등장, 자칫 무미건조할 수밖에 없는 스포츠소재 만화에 깨소금 같은 '강아지 사랑'도 곁들인다.

<달려라 하니>가 일약 유명세를 타게 된 계기는 1986년 서울에서 개최된 제10회 아시아게임을 통해서였다. 이 대회에서는 우리나라가 불모지로 여겼던 여자육상부문에서 임춘애

선수가 3관왕으로 등극해 단연 화제를 모았다. 여자육상 800m, 1,500m, 3,000m에서 금메달을 딴 임춘애 선수의 어머니는 한 언론사기자와의 인터뷰에서 "가난해서 라면밖에는 먹인 것이 없었다. 그래서 더욱 미안하고 대견스럽다"며 흐느꼈다. 이 장면을 지켜 본 온 국민의 가슴은 뭉클하게 데워졌다. 임춘애 선수는 또래의 여느 소녀에 비해서도 가냘픈 몸매였고, 실제경주 상황은 손에 땀을 쥐게 했을 정도로 드라마틱했다. 결손가정에서 태어나 이를 극복하는 만화 속의 소녀 스프린터 하니는, 마치 현실 속의 임춘애 선수 등장을 예견(豫見)이라도 한 듯했다.

이진주는 "20여 년간 만화를 창작해왔지만 <달려라 하니>를 통해 가장 큰 직업적 보람을 느꼈다"고 술회한다. 그는 "하니라는 이름은, 영어의 벌꿀(honey)에서 빈 것이 아니라 서풍(西風)이라는 우리 토박이말 '하늬'에서 따왔다"고 덧붙인다. 또 우리 순정만화의 여주인공 머리카락이 대부분 금발이어서 하니만큼은 순수한 한국여성의 '흑발'을 고집했다며 "국적 있는 만화를 그리고 싶었기 때문"이라고 설명한다.

이진주는 1979년 만화가로 데뷔, 주로 순정만화를 창작해 왔다. 그 배경에는 부인 이보배(본명 전경희, 1953~)씨도 당대의 인기 순정만화가였다는 점이 크게 작용했다. 이진주의 대표작은 '하니 시리즈' 외에도 <맹순이>(1986) <오추매>(1989) 등 코믹한 소녀주인공이 등장하는 시리즈 히트작이 있다.

<달려라 하니>와 <천방지축 하니>는 1988년부터 2년간

TV시리즈로도 26부작이 제작방영됐으며, 몇 년 전에는 인기 TV코미디프로인 '개그콘서트'에서까지 <달려라 하니>를 패러디하는 고정코너가 있었다. 봉숭아학당의 '달려라 하니'(개그우먼 김지혜 분)가 그것이었다. 하니의 인기는 20년이 넘는 세월 동안 우리 곁을 내쳐 달리고 있는 셈이다.

이진주씨는 1997년부터 인덕대학의 멀티미디어학과에 출강, 2001년에는 전임교수 발령을 받았다. 작가생활로나 후배 양성에서나 우리 만화계의 '대들보역할'을 하는 중견작가다. 하니의 끈기는 이진주의 만화인생과 매우 닮아있다.

세상을 바라보는 또 다른 시각, 이희재의 〈악동이〉

마치 무일푼의 이민자가 미국 땅에 건너가 '아메리칸 드림'을 꿈꾸듯이, 대중예술작품을 창작하는 사람이면 누구나 한번쯤 큰돈과 명예를 한방에 거머쥘 수 있는 '대박'을 꿈꾸곤 한다. 창작자들은 여기서 한발 더 나아가 '작품성'이라는, 돈과 대중적 인기와는 상반된 예술적 가치관까지를 함께 아우르고 싶어 한다. 이 부분에서는 만화가도 예외가 아니다. 1세기에 가까운 한국만화의 역사 속에서 수많은 만화가가 명멸했지만, 대박의 흥행과 작품성까지를 모두 갖췄던 만화가의 출현은 그야말로 열 손가락도 채 꼽지 못하기 때문이다.

그러나 '대박'과 '작품성'의 눈높이를 조금만 낮추면, 대중적 인기와 만화의 내용 모두에서 괄목할 만한 성공을 거두었던 수작(秀作) 만화가 지금도 우리 주위에 더러 남아있다. 1980년대의 어린이만화 <악동이>는 충분히 그 케이스에 속하는 만화로 분류할 수 있다.

만화 <악동이>의 작가는 올해로 30년째 만화를 창작하고 있는 이희재(1953~)씨. 이 만화는 작가 본인의 뜻과는 상관없이, 대다수 독자들이 주저 없이 그의 대표작으로 꼽고 있다. <악동이>는 1983년 어린이만화잡지 『보물섬』에 연재되기 시작했다가 중앙일보의 『소년중앙』 부록판 만화로 옮겨 6년간이나 더 연재됐다. 1988년에는 단행본 3권짜리로 발행돼 또 한 차례 인기몰이를 했다.

<악동이>가 지금의 30대들에게 강렬한 이미지로 각인된 까닭은 기존 어린이만화와 확연하게 차별화된 현실비판을 담고 있기 때문이었다. 등장인물이 도시 골목 한 귀퉁이를 점령한 고만고만한 조무래기들이라는 상황설정은 기존 만화와 오십보백보다. 그러나 전개되는 상황과 이야기는 기존의 어린이만화와 사뭇 다르다. 그 내용은 대략 이러하다.

우락부락하게 생긴 동네 골목대장 왕남이. 머리에 커다란 종기자국이 있는 왕남이는 누가 보아도 덩치나 생김새로 보아 또래 꼬맹이들의 골목대장이다. 왕남이는 완력을 앞세워 동네 또래들에게 돈을 뜯는 소위 '세금'을 걷고, 이에 반발하면 박치기 세례로 혼쭐을 낸다. 이런 왕남이의 위세는 그에게 아부하는 소위 전위세력 그룹에 의해 더욱 공고해진다. 말하자면

충성을 다하는 중간보스 계층이 든든하게 형성된 것이다. 왕남이에게 덤비다간 코피 나기 십상이고, 그럴 바에야 차라리 절대권력의 편에 서서 '충성을 서약'한 그룹이다. 이 전위세력은 호랑이를 뒤에 세운 여우처럼, 토끼같이 순한 백성(동네 꼬마들)을 등치는 작업에 앞장선다. 물론 그들에게도 약간의 떡고물은 돌아간다. 전위부대를 이끄는 '넘버 2'는 양서림이다.

군것질을 좋아하는 대식이는 왕남이의 힘에 눌려 세금은 물론 빵까지도 헌납한다. 초롱초롱한 눈망울의 수재는 개혁을 꿈꾸는 정의파 꼬마다. 그러나 마음만 있을 뿐, 양남이의 힘 앞에서 번번이 좌절하고 만다. 이런 골목판도에 새로운 변화가 예고된다. 태권도 초단의 장길이와 빡빡머리 꼬마 악동이가 새로 이사를 왔기 때문이다.

당하고만 지내던 동네 꼬마들은 힘센 장길이가 "왕남이 체제를 전복시켜 주리라"고 철석같이 믿는다. 그러나 장길이는 비밀리에 왕남이와 '뒷거래'를 통해 그의 성실한 부하가 될 것을 약속하고 만다. 이 장면을 목격한 동네 꼬마들은 허탈함과 함께 커다란 실망감에 잠긴다. 이때 등장한 악동이.

악동이는 자그마한 덩치에서 엄청난 힘과 박치기의 위력을 뿜어낸다. 악동이는 동네 꼬마들이 보란 듯 실력대결로 왕남이를 단숨에 굴복시키고 만다. 골목세상은 별안간 혁명기를 맞는다. 온 동네 꼬마들 앞에서 왕남이와 양서림, 장길이를 무릎 꿇린 악동이는 새로운 그의 세상 '악동이 세상'임을 선포한 것이다. 만화 <골목대장 악동이>의 팡파르 부분은 이렇듯 어른세계를 그대로 축약한 한 가상골목을 배경으로 인간군상의 세상사는 방식을 에누리 없는 모습으로 보여준다.

<악동이>는 발표 당시 군부독재 아래 숨 막혔던 어른들의 현실정치 상황을 훌륭하게 패러디했다. 여기에 어린이만화 특유의 재미도 어느 정도 담아내는 데 성공, 1980년대 최고의 어린이만화로 회자되고 있다. 지금의 30대가 코흘리개 시절에 보았던 '의미 있는 만화'였기 때문이다. 이희재는 참여만화가로 알려져 있다. 1988년에는 '바른만화연구회'의 회장에 취임했고 이후 '우만연'(우리만화발전을 위한 연대모임) 회장을 역임하면서 이 분야에서 왕성한 활동을 펼친 대표적 만화가로 꼽힌다. 만화원고에 대한 사전검열에 항의, 간행물윤리위원회가 선정하고 수상을 결정했던 상마저 거부했던 일은 우리 만화계에 널리 알려진 일화다.

이희재는 전남 완도 출신으로 중학교 졸업 후 곧바로 상경, 김종래 선생 등의 문하에서 습작을 하다가 1970년부터 만화가의 길을 걸었다. 필자는 1990년대 초반 이희재와 함께 밤새 자동차를 운전하면서 전라남도의 땅끝 마을까지 여행했던 경험이 있다. 그 밤에 그와 함께 나눴던 얘기는 작가의 불우했던 어린 시절과 성장기에 관한 것이었다. 나는 그가 왜 '악동이' 만화를 만들게 됐는지 어렴풋하게나마 짐작할 수가 있었다.

이희재는 암울했던 1980년대의 우리 사회에서 만화라는 메시지를 통해 사회변혁의 한 역할을 톡톡히 해냈던 그런 만화가다.

한국 만화판의 '마초 맨'(Macho Man), 이현세의 〈공포의 외인구단〉

"사랑한다면 결코 미안하다고 말하는 게 아니야." 긴 생머리의 청순한 처녀 제니가 영화 속에서 연인에게 한 말이다. 제니는 백혈병을 앓는 시한부 인생이었고 미국의 명문 예일대학교의 법대생 청년 올리브의 품에 안겨, 눈물로 얼룩진 얼굴이 화면 가득히 클로즈업된 채 저 대사를 읊조렸다. 1970년대 우리 청춘남녀의 눈물을 쏙 빼놓았던 아서 힐러 감독의 영화 「러브 스토리」에 나왔던 장면이다.

1980년대 이 땅의 국산만화에서도 「러브 스토리」에 필적할 만한 명대사가 탄생했다.

"난 네가 좋아하는 일이라면 뭐든지 할 수 있어."

만화 <공포의 외인구단>에서 남자주인공 까치가 엄지에게 한 말이다. 제니의 티없이 맑은 사랑이, 주먹을 불끈 쥔 터프가이의 순정으로 리메이크된 셈이다. 이 대사는 만화에서 출발해 영화(이장호 감독), 대중가요(가수 정수라)로도 만들어져 1980년대 최고의 '대중문화 메들리 상품' 가운데 하나로 기록되고 있다.

1982년에 발표된 이현세(1954~)의 <공포의 외인구단>은 프로 야구단에서 쫓겨나 퇴물 취급받고 있던 선수들을 스카우트한 손병호 감독이, 무인도로 이들을 데리고 가 처절하고도 냉혹한 조련으로 마침내 한국 프로야구사의 최강팀으로 거듭 탄생시킨다는 내용을 담은 '힘의 만화'다. 그 속에 남자 주인공 까치와 엄지의 가슴 저린 사랑이야기가 마치 수채화처럼 삽입되면서 멜로드라마적인 요소를 물씬 풍긴다. 마동탁의 아내가 된 엄지를 향한 까치의 일편단심 사랑은 누가 보아도 '불륜'이지만 까치는 끝까지 '남의 아내'인 엄지를 포기하지 않는다.

이런 내용은 당시의 우리 만화창작 현실을 감안할 때 상당히 의외다. 1980년대 우리 만화판은 법적으로 성인만화의 출판이 완전히 금지된 '어린이만화' 시대였고, 아동들에게 유해한 만화를 원천봉쇄한다며 사전심의라는 명목 아래 만화원고를 정부기관에서 일일이 수정, 삭제시켰던 때이기 때문이다. 어쨌든 <공포의 외인구단>은 어린이만화로 분류돼 만화방에 깔렸다. 그러나 그 내용은 결코 어린이가 보아서는 안될 내용으로 그득했다. 후일담이지만, 당시 검열을 담당했던 한 관계자는 "만화내용이 너무 재미있어 심의를 하기보다는 다음 편을 애타게 기다리는 독자입장이 되고 말아서 미처 원고교정에 신경을 쓰지 못했다"는 에피소드가 전해진다. 때문에 '어린이만화'임에도 불구하고 성인독자가 만화방을 뻔질나게 출입하는 계기를 만들기도 하였다. 코흘리개들의 책이란 딱지가 붙었던 만화를 어른들이 앞다퉈 구독하는 '제2의 만화방 전성기'를 만들었던 주인공이 바로 <공포의 외인구단>이었다.

이 만화는 또 우리 만화사에서 몇 가지 의미심장한 기록을 보유하고 있다. 그 가운데 가장 큰 공로로 꼽힐 만한 것은 '만화매체가 여타 대중문화 영역을 리드할 수 있다.'는 가능성을 보였다는 점이다. 스토리가 탄탄하고 제대로 된 그림으로 이를 받쳐주는 만화라면 영화와 가요 등 여타 대중문화영역의 창작소스가 될 수 있다는 자신감을 <공포의 외인구단>은 확실하게 보여주었다. <공포의 외인구단> 이후 만화 <비트>(허영만 작)가 영화로도 빅 히트한 것은 그 좋은 사례다. <공포의 외인구단>은 이현세의 이름을 널리 알려 '스타만화가'로서 그의 진면목이 드러났던 계기가 되기도 했다. 그는 헌칠한 체격에 미남형 얼굴이어서 한동안 CF모델로 최고의 인기를 구가하기도 했다.

경주고를 졸업하고 서라벌예술대(현 중앙대) 문예창작과를 중퇴한 뒤 곧바로 만화가의 길을 걸었던 이현세는 "서울 모래내의 순정만화가 나하나 선생의 문하생 시절에는 선생이 거처하시던 안방의 다락방에서 기거하면서 저녁나절이면 신촌역 부근을 어슬렁거리며 담배꽁초를 주워 피웠던 기억도 있다"고 말한다.

어른용 '엔터테인 코믹'의 효시, 고우영의 〈수호지〉

중국의 4대기서(四大奇書) 가운데 하나인 『수호지』는 송나라 말기를 배경으로 세상을 떠들썩하게 했던 108명의 호걸들에 관한 이야기다. 주먹 한방에 호랑이가 녹다운된다느니, 수십 킬로그램이 넘는 쇠몽둥이를 회초리 흔들듯 했다는 '중국식 공갈'이 난무하긴 하지만 언제 읽어도 재미있는 이야기다. 이 호걸들은 양산박이라고 하는 첩첩산중의 요새에다 똬리를 틀고, 천하를 쥐락펴락하는 호기를 떨친다. 더러운 세상 꼴을 보기 싫어 양산박에 모인 호걸들은 부패한 조정에 맞서 싸운다. 그러나 말이 좋아 '영웅호걸'이지 어찌 보면 망조 든 송나라의 어지러운 정국을 비집고 창궐한 도둑떼들에 지나지 않는다. 중국대륙 곳곳에서 힘깨나 쓴다는 놈들을 죄다 모아놓았으니, 어찌 그 이야기가 재미없을까.

『수호지』 이야기는 1973년 3월 일간스포츠 지면을 큼지막하게 할애한 고우영(1938~2005) 선생의 만화로 말미암아 우리와는 더욱 친숙해졌다. 지금의 40~50대 장년층은 당시 스포츠신문의 고우영 만화 <수호지>에 등장했던 노지심이며 송강, 무송과 무대형제, 양지 그리고 요부 반금련 등의 모습을 또렷하게 기억한다.

고우영의 만화 <수호지>는 우리나라 최초의 스포츠신문이었던 일간스포츠와 따로 떼어 놓고는 생각하기 어렵다. 1969년 9월 26일 창간된 이 신문은 딱딱한 내용의 일간종합신문과는 달리 연예계의 뉴스를 주로 다뤄 젊은층 독자를 강력하게 흡인했다. 이 신문은 1972년 1월, 사세(社勢)를 확장하는 결정적인 계기를 마련했다. 바로 고우영의 만화 <임꺽정>의 연재가 기폭제 노릇을 했던 것이다. 고우영 만화의 연재는 당시 일간스포츠에서 편집국장을 맡았던 조동표씨의 추천으로 성사됐다.

이렇게 시작된 고우영 만화는 일간신문 사상 유례가 없었던, 신문지면의 절반 크기의 매머드급 일일연재만화라는 점에서 눈길을 끌었다. 첫 연재만화 <임꺽정>은 14개월간 연재되면서 '스포츠신문만화'의 붐을 일으켰다. 그 인기의 바통을 이어받은 것이 바로 <수호지>였다.

고우영의 <수호지>는 '이미지의 형상화(形象化)'라는 만화 특유의 장점을 최고치로 활용한 케이스로 꼽힌다. 소설을 읽으면서 머릿속으로 그려보던 무송이나 반금련, 노지심의 막연한 모습을, 고우영이라는 만화가의 그림을 통해 '생생한 실물이미지'로 대체할 수 있었기 때문이다. 호랑이를 맨손으로 때려잡은 무송(打虎武松)의 그 늠름한 기골과 착하고 여린 심성에다 왜소한 체구의 형 무대. 그리고 얼굴만 보아도 색기(色氣)가 좔좔 흐르는 요부 반금련. 만화 <수호지>를 감칠맛 나게 했던 최고의 인기요인은 바로 만화가의 뛰어난 '캐릭터 각색력(脚色力)'에 있었다. 그 가운데에서도 가장 사랑받았던 캐릭터는 무송의 형 무대(武大)였다.

리본으로 묶은 머리카락에다 커다랗게 삐쳐 나온 쥐 이빨, 단춧구멍만한 눈을 천진난만하게 껌뻑거렸던 무대의 모습은 당시 청년만화독자들의 인기를 한 몸에 받았다. 1970년대 초반 학번의 대학생들은 '무대 팬클럽'을 결성했을 정도로 열광했다. 당시 '청년문화'의 실체로 회자되던 생맥주와 통기타, 청바지와 함께 이들을 선도했던 대중문화계 스타 3인방으로 소설가 최인호(『별들의 고향』의 작가), 가수 이장희(대중가요

'그건 너'의 싱어 송 라이터) 그리고 만화가 고우영이 꼽혔다.

고우영의 <수호지>는 1974년 271회 연재를 끝으로 중단됐다. 서슬 퍼렇던 유신체제 아래서, 송나라 말기의 부패한 조정과 관료들에 대항한 양산박 호걸들의 이야기는 공안당국에 의해 "체제를 전복시키려는 불온한 사상"이 아니냐는 의혹을 가지게 했기 때문이다. 후에 2000년 스포츠신문 '굿데이'가 창간되면서 잠시 후속연재를 하기도 했으나 이 역시 제대로 된 결말을 보여주지 못했다. 2002년 여름 고우영은 대장암이 발병, 수술과 함께 항암치료를 받았으나 창작활동은 중단하지 않았다. 2005년 4월 25일, 암세포의 전이로 끝내 고우영은 세상을 떠나고 말았다. 항암치료 과정에서도 고우영은 "수호지의 미완(未完)부분 완성을 생애의 마지막 작업으로 여기고 있으며, 죽을 때까지 그 창작에 매달리겠다"며 의욕을 불태웠던 바 있다.

고우영은 만주에서 출생해 해방 후 서울로 월남했다. 형 상영(上榮)씨와 일영(一榮)씨는 서울대 미술대학 재학 중 만화가로 데뷔, 인기를 끌었으나 두 분 모두 아깝게 20대에 요절하고 말았다. 형들의 어깨너머로 만화습작을 했던 고우영도 소싯적에 이미 유감없이 실력을 발휘, 1952년 피난지 부산에서 16쪽짜리 만화 <쥐돌이>를 발표하면서 만화가로 데뷔했다. 1957년에는 형 일영씨의 유작 <짱구박사>를 추동성이란 필명으로 계속 창작, 인기만화가의 반열에 올랐다.

한국의 지성인들이 만화를 보다, 이원복의 〈먼나라 이웃나라〉

출판만화 왕국이라 불리는 일본에서는 엔간한 '대박 작품'이면 발행부수 수백만 권쯤은 가볍게 넘긴다. 귀여운 고양이가 주인공인 <도라에몽>(후지코 F. 후니오 작)은 1970년대 초 한 소년만화잡지에 연재된 뒤 지금까지 공식적으로 1억 권 이상의 단행본이 발행돼 이 부분의 기록을 가지고 있다. 그러나 연간 출판만화 발행부수가 일본의 100분의 1에 불과한 우리로서는 수만 권만 팔려도 '빅 히트'라며 만화동네의 화제가 되는 것이 요즘 실정이다. 위축될 대로 위축된 한국 출판만화 시장에도 그러나 예외는 있었다. <먼나라 이웃나라>가 그 주인공이다.

우리 출판만화 역사에서 최장기 베스트셀러로 기록되는 만화인, 덕성여대 이원복(1946~) 교수의 <먼나라 이웃나라>는 1987년 고려원에서 6권짜리 전집으로 발표된 이후 지금까지 어림잡아 5백만 권 이상을 발행한 '울트라 수퍼급' 베스트셀러로 꼽힌다. 처음 이 만화는 유럽의 여러 나라를 소개하는 내용이었으나, 1980년대 후반 소련이 붕괴되고 새로운 세계정치질서가 형성되자 일부 내용이 수정된 개정판이 나왔다. 거기에 '일본편 2권'을 새로 추가해 2000년 <새 먼나라 이웃나라>(김영사 발행)가 발행됐다. 그런가 하면 2002년에는 '우리나라 편'을 추가, <새 먼나라 이웃나라 우리나라>라는 다소 기다란 제목의 증보판까지 나왔다. 만화 <먼나라 이웃나라>

는 국내 베스트셀러의 후광을 업고 지금은 외국어로 번역, 수출되는 '효자 국산만화' 노릇도 하고 있다. 일본어판(2001), 영문판(2002)을 비롯해 2003년에는 중국어판(대만판 포함)도 발행됐다.

우리 만화출판역사에 한 획을 그은 <먼나라 이웃나라>는 어느 날 갑자기 만들어진 작품이 아니다. 그 속에는 이원복이라는 한 중견교수 겸 현직만화가의 지난(至難)했던 '젊은 날'의 삶이 오롯하게 녹아있기 때문이다.

해방 다음해인 1946년 대전의 한 가난한 집안의 5형제 가운데 막내로 태어난 이원복은 경기중고와 서울대를 나온 소위 'KS'형 수재였다. 그림에 소질을 보여 경기고 재학 중이던 1963년에 이미 '소년한국일보'에 미국만화를 흉내 낸 <아이반 호우> <마르코 폴로의 모험> <엉클 톰스 캐빈> 등을 연재해 생활비를 마련하기도 했다. 서울대 건축공학과 재학 당시에는 학비조달을 위해 숱한 자책감을 느끼면서도 일본만화를 '베끼는' 창작작업을 했다. 그러다 1975년, 바로 윗형 정춘씨(현재 중앙대 신방과 교수) 등과 함께 독일유학길에 올랐다. 뮌스터대학 디자인학부를 졸업할 때는 총장상을 받았고 같은 대학 철학부에서는 서양미술사도 공부했다. 독일유학 중에도 만화창작은 지속되었는데, 1975년부터 유럽의 이곳저곳을 여행하면서 창작한 <시관이와 병호의 모험>은 『새소년』 잡지에 6년간이나 연재됐다. 이 만화는 <먼 나라 이웃 나라>의 탄생을 예고한 전편(前篇)의 성격으로 1978년 도서잡지윤리위

원회의 금상을 받았다.

독일유학 시절 학비조달용으로 지속했던 학습만화의 창작은 이원복의 인생을 이 방향으로 결정지은 계기가 됐다. 1985년 귀국 후 덕성여대 산업미술과 교수로 정착한 뒤에도 그의 만화창작은 지속되었다. 이원복의 전반기 인생을 고스란히 담은 만화 <먼나라 이웃나라>는 결국 1987년, 첫선을 보였다. 10년간 유럽을 두 발로 헤집고 다닌 현실감에 작가의 해박한 역사인식까지 고스란히 담긴 역작이었다. 이 만화는 1990년대 초반 서울의 일간신문 기자들이 쟁쟁한 사회과학 전문서적을 제치고 '베스트 인문학 서적'으로 선정해 주위를 놀라게 하기도 했다.

이원복 교수는 "김정호가 수천 번에 걸친 국토답사를 통해 대동여지도(大東輿地圖)를 만든 한국의 랜드맵(Landmap)이라면, 이 만화는 해외여행과 외국과의 접촉을 통해, 우리 스스로의 눈엔 잘 보이지 않는 한국인의 의식과 사고방식을 나름대로 정리한 한국인의 마인드맵(Mindmap)이라는 가치를 부여하고 싶다"고 말한다.

섹시한 14살의 깜찍한 그녀, 배금택의 〈영심이〉

섹시(sexy)한 맛, 그것은 대중문화상품의 속살을 이해하는 하나의 코드(code)다. 지구촌의 대중문화관련 산업을 '주무르고 있는' 미국과 일본의 관련창작물들에서는 하나같이 성적(性的)인 매력이 물씬 배어난다. 성인용이건 미성년자 전용이건 표현의 강도와 버라이어티에서 차이가 날 뿐, 그 섹시한 속성들은 하나같이 작품 속에 촘촘히 박혀 있다. 역설적으로 말하자면, 어린이만화에서도 섹시한 요소는 흥행과 직결될 만큼 중요하다.

우리 만화사에서 1990년대를 대표하는 '섹시 작가'로는 만화가 배금택(1949~)을 꼽는다. 걸쭉한 입담과 그림체의 성인만화는 물론, 청소년만화에서도 그 매력을 한껏 드러낸 만화를 잇달아 내놨기 때문이다. 그는 만화가 갖는 '대중오락성'을 구현해내는 데 가장 프로다운 기질을 보이고 있는 중견작가다.

1989년부터 1993년까지 소년만화잡지 『아이큐 점프』에 연재된 이 만화는 기존의 어린이만화가 업보처럼 달고 다녔던 '순둥이' 기질을 버리면서 단번에 청소년들의 시선을 끌었다. 막 사춘기가 시작되는 미묘한 시기의 여자어린이가 겪게 되는 여러 에피소드들에다 그 나이에 맞는 수준의 '섹시한 요소'들을 갖은 양념으로 버무렸기 때문이었다.

영심이는 한 가닥으로 위로 올려 묶은 머리, 동그란 얼굴과 그 얼굴만큼이나 동그랗고 커다란 눈을 가진 열네 살 소녀다. 영심이 주위에는 그림자처럼 따라다니는 또래의 '남친' 왕경태가 등장한다. 경태는 보잘 것 없는 외모에 커다란 돋보기를 쓰고 어눌한 말투로 웅얼거리지만 순수한 마음으로 영심이를 짝사랑한다. 이런 경태를 영심이는 언제나 박대한다. 그럼에도, 어쩌다 경태의 주변에 예쁜 여학생이라도 얼씬거리면 불같은 질투로 손톱을 세운다. 여기에 영심이보다 더욱 영악한 여동생 '순심이'가 등장, 만화의 재미를 배가시킨다.

만화 <열네 살 영심이>의 에피소드 하나. 주인공 영심이가 초경(初經)을 맞아 당황하는 모습이 소개된다. 그러나 이를 알게 된 어머니가 활짝 웃으며 "이제 우리 영심이가 어른이 됐네"라며 기뻐하고 축하해주자 영심이의 태도는 슬슬 달라지기 시작한다. 남자친구에게도 은근히 이를 자랑하면서 "넌 아직 어린애야"라는 식으로 대하는가 하면, 선생님에게도 그 사실을 암시하면서 "어른이 되었으니 지금부터 나를 더 이상 어린애 취급 말아달라"고 통고한다. 물론 선생님은 대경실색하고.

배금택의 <영심이>가 커다란 인기를 끈 요인에는 '내용적 차별성'과 함께 세련된 감각의 만화체 그림도 한몫 거들었다. 소녀만화 캐릭터라면 대개가 순진가련 형 얼굴이었던 통념을 깨고 요즘 소녀들의 발랄하고 '깍쟁이' 같은 이미지를 제대로 살려냈던 것이다. 때문에 이 만화는 이미지요소가 강해야 하는 애니메이션으로도 만들어져 인기를 끌었다. 1990년 TV애니메이션 시리즈로 방영된 「영심이」는 남녀노소가 모두 즐긴 가족형 애니메이션으로 성공을 거둔 바 있다.

배금택은 서울대 생물학과를 중퇴하고 1967년 <미스 도돔바>로 만화가 데뷔를 했다. 그의 진가가 드러난 것은 1991년 이후 스포츠신문에 잇달아 발표했던 <변금련뎐> <여고생과

대학3년생> <종마부인> 등 일련의 성인만화를 통해서였다. 그의 그림에는 어딘지 모를 퇴폐적인 분위기, 그러나 결코 추하지 않은 성적 요소가 박혀 있다. 특히 대중문화상품의 요체라 할 수 있는 시대조류와 유행의 패턴을 짚어내는 것에도 탁월하다. 현재의 젊은 세대가 느끼고 공감하는, 다소 널브러진 상태의 성의식을 재기발랄하게 만화로 재현해내는 배금택의 만화적 역량은 그 속에서 활짝 꽃을 피운 셈이다.

그러나 작가는 섹시한 만화를 잘 그린다는 '명성'으로 말미암아 툭하면 관련단체들로부터 '음란작가'로 지적되는 등 많은 정신적 피해를 받기도 했다. 그러나 우리 사회의 어느 특정 계층이 배금택의 만화를 퇴폐로 격하한다고 해서 그가 지금까지 창작했던 만화의 그림값은 결코 훼손되지 않는다. 적어도 한국만화사라는 전체의 틀에서 조망하면 그러하다.

누가 뭐래도 배금택은 1990년대 우리 만화계의 '건강한 섹시만화'를 주도한 역량 있는 선구자였다.

권력을 마구 비틀고 꼬집다, 정운경의 〈왈순아지매〉

오랫동안 대중의 사랑을 받았던 만화는 제목 자체가 그 사회의 일반 명사로 굳어지는 경우가 종종 있다. 미국의 만화제목 '슈퍼맨'이나 '원더우먼' '스파이더 맨' 등은 정의를 위해 싸우는 힘세고 용감한 사람을 뜻하는 단어로 세계 어린이들의 입에 오르내린다. 또 이웃나라 일본에서는 '크레온 신짱'(우리에게는 '짱구는 못 말려'로 알려져 있다)이라면 말썽꾸러기 남자 유치원생을 일컫는 보편적인 단어로 정착했고, 수더분하고 가정적인 주부를 호칭하는 단어로는 '사자에 상'이 있다. 가정주부가 주인공으로 등장하는 <사자에 상>은 일상적으로 벌어지는 가족주변의 이야기를 4칸짜리로 꾸민 만화다. 20세기 중반에 창작된 이후 각종 신문에 장기 연재되었으나 지금도 일본인들의 사랑을 한 몸에 받고 있는 '국민만화'가 되고 있다.

우리에게도 <사자에 상>에 버금가는 인기를 누려온 주부 만화주인공이 있다. '왈순아지매'가 그녀다. 각박한 세상을 억척같이 살아왔던 이 땅의 아줌마, 왈순아지매는 전후 한국적인 상황이 탄생시킨 '억척 아주머니'의 대명사다.

정운경(본명 정광억, 1934~) 화백의 신문만화 <왈순아지매>는 1955년 여성잡지 『여원』에 첫선을 보인 이후 1964년 6월 대한일보를 거쳐 1975년 중앙일보에서 연재를 속개, 2002년 12월 24일자로 대단원의 막을 내릴 때까지 무려 47년 동안 신문독자를 웃기고 울렸다.

'왈순아지매'라는 이름에는 만화가 정운경의 고심이 스며 있다. 정화백은 "잡지 『여원』의 당시 편집장이었던 소설가이자 칼럼니스트 최일남씨가 새로운 형태의 가정만화 연재를 의뢰해와서 두어 달간 주인공 이름을 작명하느라 서울시내 가정집 문패를 두루 살피며 머리를 싸맨 적이 있었는데, 우연한 기회에 사촌형님댁을 방문했다가 형수와 이야기를 나누는 여자

친구분을 본 순간 '이거다'란 생각을 하게 됐다"고 말한다. 당시 그 여성의 이름이 이월선(李月仙)이었으며, 생김새나 말투가 여장부 스타일이었다는 것. <왈순아지매>의 탄생은 '월선'이라는 이름에서 유래된 셈이다.

<왈순아지매>가 신문 시사만화로 절정의 시사감각을 드러냈던 시기는 중앙일보 연재 이후 20여 년간이다. 한 가정의 일을 빗대 시국을 알싸하게 풍자하는 맛이 백미(白眉)였다. 군사독재 시절을 거쳐 문민정부와 국민의 정부에 이르기까지, 거대한 정권을 향해 촌철살인의 풍자칼날을 놓치지 않았던 우리 시대의 '대찬 여장부' 노릇을 톡톡히 한 셈이다.

인기만큼 <왈순아지매>에 얽힌 에피소드도 많다. 처음 <왈순아지매>가 연재될 당시의 캐릭터 설정은 식모(가정부) 신분이었다. 그래서 왈순아지매는 날마다 걸레로 방바닥을 훔치든가 컵을 쟁반에 받쳐들고 주인에게 수발 드는 모습으로 등장했다. 그러나 연재횟수를 거듭할수록 가정부라는 역할의 한계를 극복하기 어려운 시점이 도래하고 말았다. 시사만화의 주인공이었기 때문에 언제나 '당찬 모습'을 보여야 했지만, 가정부라는 신분설정으로는 그게 쉽지 않았던 탓이다. 그 때문에 연재 10여 년 후 어느 날부터인가는 슬그머니 '안방마님'이라는 신분으로 격상되고 말았다. 굴러온 돌(가정부)이, 안방마님자리를 꿰찬 형국이다. 그러나 이 신분상승의 과정은 만화그림칸을 통해 오랫동안 교묘하게(?) 전이된 탓에 신문독자의 대부분은 지금까지도 그 사실을 눈치 채지 못하고 있다.

또 하나의 에피소드는 <왈순아지매>의 유명세(有名稅)와 관련된 상표분쟁 건이다. 1968년 5월 롯데제과가 라면을 새로 출시하면서 '왈순아지매'와 흡사한 캐릭터를 내세워 이름마저 '왈순마'로 지었던 것. 이에 정운경씨의 제소로 법정공방이 시작돼 1969년 서울민사지법에서 원고승소 판결이 나기도 했다.

<왈순아지매>는 연재 초반부터 인기를 끌었고 그 여세를 몰아 동명(同名)의 영화(1963년, 이성구 감독), TV드라마(1967년 6월 TBS-TV)로도 만들어졌다. 또 작가의 만화가 사회비판, 풍자에서 절정기를 구가했던 1980년대 초에는 학생들의 민주화 운동에 왈순아지매가 등장하기도 했다. 당시 서울 신촌 부근에서 벌어진 학생데모에 참여한 한 여학생이 "왈순아지매 만세!"를 외쳐 화제가 되었던 적도 있었다.

<왈순아지매>는 반세기에 가까운 국민적 사랑을 업고, 2002년에는 만화의 도시 경기도 부천시에 '왈순아지매 거리'가 조성되기도 했다.

암울한 시대의 직격탄 시사만화, 안의섭의 〈두꺼비〉

필자는 지난 1991년에 창간된 문화일보에서 6년 동안 기자생활을 한 바 있다. 이때 잠시 동안이었지만 우리나라 초창기 신문 시사만화계의 '대들보'라 불렸던 안의섭, 김성환 두 선생과 한 지붕 아래서 근무했던 추억을 소중하게 간직하고 있다.

두 원로작가는 1992년부터 2년간 4칸 시사만화 <두꺼비>(1991.12.6~1994.8.3)와 <고바우>(1992.10.1~2000.9.29)를 문화일보 지면에 함께 게재했다. 두 사람은 논설위원실이 있는 신문사의 꼭대기층에 각자 따로 방을 가지고 있었고, 겉으로는 드러나지 않았지만 서로 치열한 '작품경쟁'을 했다. 매일 아침, 돋보기 안경 너머로 하얀 만화원고지를 책상 위에 놓고 창작에 몰입하던 두 원로 시사만화가의 모습은 지금도 눈에 선하다.

고 안의섭(1924~1994) 선생은 김성환 선생과 함께 우리나라 신문 시사만화 분야를 일궈온 1세대 시사만화작가로 꼽힌다. 대표작인 4칸 시사만화 <두꺼비>는 김성환의 <고바우>와 함께 한국전쟁 이후 수십 년간 우리 신문 시사만화를 대표했던 양대산맥이었다. <고바우>의 풍자가 정중동(靜中動)의 은유적 묘사였다면, <두꺼비>는 활발하고 거칠 것 없는, 육두문자(肉頭文字)도 서슴지 않는 직설적 풍자로 독자들에게 통쾌한 카타르시스를 안겨주었다.

안의섭의 <두꺼비> 전성기는 한국일보에 연재(1973.7.6~1989.2.16)했던 16년간이었다. 당시에는 한국일보라면 으레 <두꺼비>를 연상했을 만큼 인기의 절정을 구가했다. 다음과 같은 일화도 있었다.

전두환정권의 집권 하반기였던 1986년 1월 16일자 한국일보의 <두꺼비>는 서슬 퍼랬던 신군부 정권을 향해 두꺼비는 '직격탄'을 날렸다. 만화의 내용은 당시 미국대통령 레이건이 종양(腫瘍)을 앓고 있는 등 건강이 악화되었다는 외신뉴스가 전해진 가운데, 전두환 각하께 보내는 레인건 대통령의 편지글을 소개하는 형식으로 전개됐다. 편지에는 이렇게 적혀있었다. "대통령 각하, 오래오래 사십쇼! 하는 짓이 마음에 쏙 듭니다. 건강하셔야 합니다. -레이건"

이 만화는 신군부 세력의 심기를 발칵 뒤집어 놓았다. 결국 안의섭 화백은 신문연재를 중단하고 가택연금까지 당하는 고초를 겪었다. 사건 직후인 1986년 2월 13일자 홍콩의 '파 이스트 이코노믹 리뷰'지는 이 필화사건을 상세히 전하면서 전두환 정권을 맹비난하기도 했다. <두꺼비>는 이후 1년 7개월 동안 자취를 감추었고, 1987년 8월 25일에야 한국일보에 다시 모습을 드러냈다.

시사만화에 대한 안의섭의 창작역정은 누구보다 험한 가시밭길 투성이었다. 독자들이 속 시원해하는 직격탄식 풍자는, 거꾸로 말하자면 정권기반이 취약한 독재정권일수록 그야말로 '눈엣가시'였기 때문이다.

시사만화 <두꺼비>는 1955년 4월 1일 경향신문에서 고 김경언 선생의 그림으로 처음 연재가 시작됐다. 그러나 연재 석 달 만에 창작을 중단하자 신문사 측이 안화백에게 이의 승계를 요구, 바통을 이어받았다. 이후 조선일보와 동아일보를 거쳐 한국일보에서 <두꺼비>는 풍자의 꽃을 활짝 피운 뒤 문화일보에서 그 대단원의 막을 내렸다. <두꺼비>의 전성기였던 1960~1970년대에는 안의섭 화백도 사회의 저명인사로 활동, 당시 최정상의 인기 라디오프로 '재치문답'에 고정 게스트로 출연하는 등 '낙양의 지가'를 떨쳤다.

1994년 8월 3일자 문화일보 시사만화 <두꺼비>를 막 출고한 뒤, 안의섭은 갑자기 쓰러지고 말았다. 업무상의 과도한 스트레스와 지병인 당뇨로 인한 심장마비였다. 유가족이 제기한 소송에서 1998년 서울고등법원 특별11부는 "스트레스 및 과로에 따른 업무상 재해"라는 판결을 내렸다.

안의섭 선생의 급작스런 사망소식을 필자는 장례식이 치러진 이후에야 접했다. 당시 취재업무차 외국에 나가 있었고, 장례가 끝난 뒤 귀국한 편집국에서 이 소식을 접했기 때문이다. 안의섭 화백이 묻힌 경기도 포천의 묘소에는 1996년 7월, 한국 시사만화가회 회원들이 뜻을 모아 건립한 추모비가 세워져 있다.

'386시사만화'의 당찬 출발점, 박재동의 '한겨레 그림판'

1980년대 후반은 우리 현대사의 민주화 장정에 커다란 획을 그은 '터닝 포인트'에 해당한다. 한국전쟁 이후 30여 년간 군사정권과 권위주의 정치권력을 탈피하려는 국민적 요구는 6.10민주항쟁으로 터져 나왔고, 급기야는 1987년의 6.29선언을 이끌어냈다. 그 어수선했던 1980년대 후반, 막 창간된 진보성향의 신문지면 한 귀퉁이를 장식했던 만평은 변화를 갈구했던 이 땅의 젊은이들로 하여금 환호성을 내지르게 했다. 1988년 창간된 한겨레신문에 등장했던 시사만평 '한겨레 그림판'이 그것이다.

박재동(1953~) 화백은 소위 1980년대 후반 민주화 세대를 통칭하는 386세대의 진보의식을 대변한 '만화운동가'로 꼽힌다. 한겨레신문이라는 진보성향의 신문이 개혁과 남북통일을 외쳤던 젊은 세대의 의식을 대표하면서 그의 시사만화는 386 신문독자의 전폭적인 지지를 끌어냈다. 기성집권세력의 본질을 예리한 메스로 해부하듯 만평으로 파헤치며 시대고발에 앞장섰기 때문이다. 한겨레 그림판이 젊은 층의 지지를 획득할 수 있었던 것은 전적으로 박재동 화백의 그림실력과 풍자역량에 힘입은 바 크다. 박재동이 1980년대 말의 '스타만화가'로 등극하면서 순식간에 세인의 주목을 끌었던 가장 큰 이유는, 그림체나 풍자양식에서 그때까지의 일간신문 만평과는 확연히 다른 모습을 띠고 있었기 때문이다.

우선은 만평 그림체가 기존의 신문만화와는 달랐다. 박재동의 만화는 사실적인 묘사를 기반으로 정확한 데생 실력을 구사했다. 대학에서 미술을 전공(서울대 회화과)하고 고고 교사경력까지 있는 '수준급 미술실력'이 만평에 그대로 담겼던 것이다. 박화백의 사실적 그림체의 만평은 한겨레신문 연재후반기에 접어들면서 다소 과장된 그림체인 만화체 그림으로 바뀌긴 했지만, 탄탄한 스케치 실력만은 그 속에 언제나 오롯하게 담겨 있었다.

또 하나 차별된 점은, 박재동 만평의 내용 면이었다.

이전의 신문만평이 사회적 이슈에 대한 '여론재판식' 비판이었다면, 박재동은 명확하게 자신의 풍자타깃을 설정하고 이를 집중비판하는 진보성을 드러냈다. 박재동 만화의 타깃은 부도덕한 권력과 힘을 휘두르는 사람(집단), 반 통일세력이었다. 때문에 당시 막 시작된 우리 사회의 민주노동조합 운동에 박재동 만평은 천군만마(千軍萬馬)의 힘이 됐고, 탈이데올로기와 남북자주통일을 염원하던 사람들로부터 갈채를 받았다. 그러나 이런 진보성으로 말미암아 정부당국의 은근한 통제가 가해졌고 한계레신문이 관공서 등에는 발을 붙이지 못하는 사태로까지 진전되기도 했다.

박재동 화백이 한겨레신문에 만평을 연재한 시기는 1988년 5월부터 1996년 6월까지 약 8년간이다. 이 기간은 우리 사회의 민주화 장정이 어느 정도 진척된 시점이기도 하다. 이 기간 동안 대학생들의 민주화 시위가 있을 때마다 교내 대자보에는 으레 박재동의 한겨레 그림판 만평이 커다랗게 복사돼 내 걸렸다. 비록 한겨레신문의 발행부수가 기존의 거대언론에 비해 턱없이 낮았다고는 하나, 박재동의 만평만큼은 젊은 층을 포함한 개혁희구세력에게 커다란 영향력을 미쳤다고 평가할 수 있다.

박재동 화백의 개혁적 이미지는 만화를 그리기 이전 8년간의 교사시절(서울 휘문, 중경고)에서도 드러났다. 새로 취임한 학교에 텁수룩한 수염에다 짧은 바지, 흰 고무신 차림으로 출근했다는 이야기도 있고, 미술 필기시험문제로 흰 백지에 두 개의 네모칸을 그려놓고는 "종이비행기가 날아가는 모습을 그려라" "학교건물 옆 가로등을 그려라"라는 등의 문제를 내기도 했다고 한다.

한겨레 신문만평의 연재를 그만두면서 박재동은 "시사만화는 우리 사회의 여러 문제를 제기하고 비판은 할 수 있지만, 그 대안을 제시하지 못한다"며 안타까워했다. 그리고 "누가 뭐라든 나는 '그림쟁이'며 내 내면의 욕구, 진정한 예술작품을 만들고 싶은 욕구에 가슴이 저릴 정도로 시달려 왔다. 더 늦어서는 안 된다는 생각에 과감히 결단을 내린다"고 했다.

박재동은 지금 '(주)오돌또기'라는 애니메이션회사를 꾸려나가면서 '우리식 만화영화'를 기획하고 제작하는 일에 골몰하고 있다. 그것은 또 다른 차원에서 한국만화의 새 이정표를 곧추 세우려는 시도로 평가된다.

한국 심술미학의 만화적 고찰, 이정문의 '심술참봉 5대'

우리 만화사에는 재미있는 기록이 더러 있다. 그 중에는 만화 속에서 인기를 끈 주인공 캐릭터가 당대의 인기에 그치지 않고, 자식 대(代)까지 등장해 독자들의 사랑을 받는 진기록도 제법 존재한다.

1924년 한국화가 심산 노수현(1899~1978)이 조선일보에 연재한 <멍텅구리>는 당대 최고의 인기만화로 군림했다. 이 인기를 바탕으로 1926년에는 같은 제목의 영화(이필우 감독,

반도키네마 제작)가 만들어져 개봉되기도 했다. 노수현 선생은 11년 뒤인 1935년 '소년중앙일보'(현재의 중앙일보는 아님)의 자매지인 『소년중앙』에 <똘똘이>라는 소년만화를 연재한 바 있는데, 이 똘똘이가 바로 11년 전 공전의 히트를 기록한 만화 캐릭터 '멍텅구리'의 아들이었다. 또 1960년대에는 추동성(고우영의 필명)의 <짱구박사>가 당시 어린이들의 사랑을 한 몸에 받은 바 있다. 이 만화에서는 짱구박사의 아들 '짱짱이'가 등장해 아버지에 못지않은 인기를 끌었다. 그러나 이 부분의 최고기록은 누가 뭐라 해도 '심술가족'이 차지한다. 1959년에 처음 발표된 이정문(1944~) 선생의 <심술첨지>는 지금까지 무려 '심술직계 자손 5대'가 등장했다. 더군다나 이 만화 속의 심술 5대들은 이 시간에도 현역으로 활동 중이다.

이정문의 심술가문이 터를 잡기 시작한 것은 한 고약한 성질의 참봉어른이 등장하면서다. 가문을 이룬 입향조(入鄕祖)는 5대 조부 '심술참봉'. 아래턱이 유난히 커서 쳐다보기만 해도 심술이 덕지덕지 묻어나는 이 어른의 취미는 똥 누는 놈 주저앉히기, 임산부 배 걷어차기, 호박에 말뚝 박기, 우는 애 뺨 때리기 등 하는 짓이 우리의 토종심술꾼 '놀부' 어른과 쏙 닮았다. 한국적 심술의 역사적·문화적 정통성을 확보한 셈이다. 참봉어른의 아들은 '심술첨지'다. 이 어른 역시 1960~1970년대 우리 만화판에서 인기정상의 만화캐릭터로 군림했던 분이다. 당시 『아리랑』을 비롯한 성인 월간잡지에서는 만화 <심술첨지>가 감초처럼 연재됐다.

심술첨지의 아랫대는 현대판 '심술부부'로, 1970년대 후반부터 여성월간지 등에서 연재만화로 맹활약했던 캐릭터다. 이 심술부부는 1980년대 이후 다양한 직계와 방계인척으로 분화되었는데 '심술통' '심술여사' '미스 심술' '미스터 심술' 등의 캐릭터가 그것이다. 심술가계의 적통을 이어받은 4대손은 '심통이' '심똘이' '심쑥이' '심뽀양' '심토리' 등이다. 이들도 각종 어린이 신문과 월간잡지 등에 연재돼 인기몰이에 성공했다. 심술가계의 맨 아랫대(5대)는 얼굴에 커다란 반창고를 붙인 '심술 개(犬)'. 심술가족에 어울리는 모양새로 개마저도 얼굴에서 심술이 덕지덕지 묻어난다. 1960년대 이후 현재까지 이런저런 매체에 게재된 이정문 선생의 심술 캐릭터는 무려 20여 가지에 달한다. 심지어는 '심술로봇 뚜까'(1990)까지 등장한 바 있다.

이정문 선생의 심술로 점철된 일련의 캐릭터 개발은 우리 대중만화사에서 하나의 창작전범을 제시한 의미 있는 작업으로 평가된다. 비록 흥행 면에서 대박을 터뜨리는 성공에는 이르지 못했지만, 40여 년에 이르는 작업을 통해 '일관(一貫) 캐릭터'를 창조해낸 작가적 역량은 후배 만화가들에게 많은 교훈을 주고 있는 것이다. 오늘날 만화산업에서 캐릭터가 차지하는 비중은 아무리 강조해도 지나침이 없을 만큼 소중하다. 이런 점에서 선생은 '선구자적 만화가'에 해당한다.

선생은 "내 만화 속에서의 심술은, 무조건 남을 해롭게 하는 심술과는 차원이 다르다"며 "그 속에 우리 민족 고유의 역사와 해학을 담으려 했다"고 설명한다. 필자가 개인적으로는 존경해 마지않는 만화가 가운데 한 분이다. '법이 없어도' 살 수 있는 무골호인(無骨好人) 타입에다 다정다감한 성격이기 때문이다. 선생의 실제모습에서 만화 속의 그 질깃질깃한 심술의 이미지는, 눈을 씻고 찾으래야 찾을 수가 없다.

이정문은 1944년 일본에서 태어나 곧바로 부모님을 따라 귀국, 중학교 시절부터 기성만화가의 문하생 생활을 거쳐 1959년 월간 『아리랑』에서 <심술첨지>로 데뷔했다. 심술만화 이외에도 <알파칸>(1960년, SF만화) <홍길동>(1962) 등의 인기 어린이만화도 발표한 바 있다.

만화의 진수를 보여 주마! 김삼의 <검둥이 강가딘>

만화를 고전적 의미에서 해석하자면, 붓 돌아가는 대로 창작하는 '기발한 발상'의 작품이랄 수도 있다. 현실과 동떨어지는 환경설정이어도 만화니까 용서된다는 뜻이다. 그래서 대부분의 어린이만화는 언제나 황당하고 생뚱스런 주제가 등장한다. 그러나 이런 만화적 특성은 불과 반세기 전까지만 해도 "어린이들의 정서를 해친다"며 사회적인 지탄의 대상이 되기도 했다. 툭하면 사법당국이 '불량만화'를 단속한다며 우리 만화판을 들쑤셔놓기 일쑤였기 때문이다.

일본도 데츠카 오사무가 <무쇠팔 아톰>을 발표하던 1952

년 당시에는 그랬다. "왜 쇠로 만든 로봇이 사람처럼 말을 하고 날아다니는 등 비현실적인 내용으로 어린이들을 현혹시키느냐"는 질타와 함께 "왜 만화주인공이 손가락이 4개뿐인 '불구'인가. 도대체 이런 엉터리 그림을 왜 그리는가"라는 학부형단체 등의 거센 항의를 받아야 했다. 지금 생각하면 격세지감을 느끼게 하는 사회분위기다.

우리 만화 가운데 만화라는 매체의 표현적 특성을 가장 잘 이해하고 '만화다운 만화'를 개척했던 작가로는 김삼(본명 이정래, 1941~)을 꼽을 만하다. 1976년 어린이잡지 『소년생활』에 연재를 시작한 선생의 <검둥이 강가딘>은 그 많고 많은 우리나라의 어린이만화 가운데에서도 재미있는 만화로서 백미에 해당하는 작품이다.

'검둥이 강가딘'은 시커멓게 생긴 개(犬)다. 우리 주위에서 흔한 소위 'X개'라 불리는 그런 개다. 외국산 고급혈통의 개들과는 달리 주인집 식구가 먹다 남은 잔반이나 처리하고 하루종일 목줄에 묶여 사는 처지다. 그러나 강가딘은 외형만 개의 모습일 뿐, 주인집 아들의 피아노를 '체르니 30번'까지 단숨에 연주하는 등 사람보다 뛰어난 지능을 지녔다. 강가딘은 "내 어쩌다 개로 태어나 이런 꼴로 사는고? 인간으로 태어났더라면 벌써 교수나 판검사가 됐을 텐데……"라며 신세한탄을 한다. 이런 강가딘은 주인집 식구가 여름휴가를 떠나자 이웃집에 사는 예쁜 푸들 '애인'을 불러 불고기파티를 벌이는 등 만화는 초반부터 '기상천외'로 치닫는다.

만화 <강가딘>은 아무도 그 끝을 예측할 수 없는 제멋대로 튀는 이야기이다. 비행접시를 타고 온 우주소년을 만나는가 하면, 어리고 착한 귀신과 조우(遭遇)하여 그를 괴롭히는 나쁜 귀신을 물리치는 등 점입가경이다. 강가딘은 가깝게는 우리 이웃의 평화를, 멀게는 인류의 평화를 지키는 수호신이며 나아가서는 우주와 영계(靈界)를 넘나드는 정의의 용사로도 묘사된다. 한 마리의 검둥개가 펼치는 지극히 만화다운 무용담이다. 그러나 영웅호걸형 주인공이라 해서 결코 멋지구리한 그림으로 위엄을 부리지 않는다. 아무렇게나 그린 것처럼 보이는 만화체 그림에다 후닥닥 해치운 듯한 그림꼴이지만, 내용 면에서는 그 어떤 만화도 따라갈 수 없는 판타지를 담고 있다. 그리고 이런 그림꼴은 '만화의 달인'이 아니고서는 흉내내기조차 힘든 경지에 이른 것이다. 허접스럽게 보이지만 그 속에 꽉 찬 실력 – 허허실실(虛虛實實)의 내공이 빼곡하게 박힌 그림이다.

<강가딘>을 집어 드는 순간 코흘리개 독자들은 감전이라도 된 듯 재미에 빠졌다. 만화의 힘이 참으로 '위대하다'는 것을 실감할 수 있는 부분이다. 지금의 30~40대 장년층이 개구쟁이였던 시절, 만화 <강가딘>은 그야말로 유니크한 '환상과 꿈'의 세계였다.

김삼 선생의 만화는 창작내용으로 보아서 크게 2기(期)로 나눌 수 있다. <강가딘>을 비롯 <소년007>(1966~1980년, 소년동아일보 연재) <칠삭동이>(1982~1995년, 소년동아일보

및 『보물섬』 연재) 등 어린이만화 창작시기와 1987년 이후 '주간만화' 연재를 시작으로 새롭게 선보인 진한 색깔의 성인만화 창작기가 그것이다. 김삼의 성인만화 역시 게슴츠레한 눈매의 여체(女體)캐릭터를 앞세워 섹시한 만화적 위트를 유감없이 발휘했다. 젊은 여성의 허벅지가 그림칸 가득 클로즈업되는 '만화적 퇴폐'도 넘실거렸다. 그러나 그 선정성은 어른들이 건강하게 즐길만한 적정선의 퇴폐였다. 우리 만화사에서 김삼 선생은, 만화의 고유한 상상력과 위트 그리고 재미를 제대로 살릴 줄 알았던 몇 안 되는 사람 가운데 하나로 꼽힌다.

시장통 밑바닥 사람들의 냄새, 방학기의 〈다모 남순이〉

대중의 인기로 먹고사는 만화가들은 가끔 "10년에 히트작 하나 내면 성공한 셈"아니냐고 반문한다. 그만큼 인기만화 하나를 만들어내는 것이 힘들다는 이야기다. 그러나 예외도 있다. 지난 30년간 창작한 만화 대부분이 화제작으로 주목을 받았고, 영화나 TV드라마로 리메이크되는 등 '인기 상종가'를 구가하는 만화작가도 있기 때문이다. 이미 환갑을 넘긴 중견 만화가 방학기(1944~)가 그 주인공이다.

1974년부터 주간잡지 『선데이서울』에 연재했던 〈애사당 홍도〉 〈바리데기〉 〈임꺽정〉 〈창부타령〉 〈기생 언년이〉 〈데카메론〉을 비롯해 1980년대에 시작된 스포츠서울의 연재

만화 <감격시대> <청산별곡> <다모 남순이> <바람의 파이터> <바람의 아들> <피와 꽃> <역도산 일대기>. 또 1990년대 이후 스포츠동아에 연재한 <거미춤> <꽃점이> 등은 방학기 만화의 전부이자 모두가 작가의 대표작이라 불린다. 일본에도 그의 명성이 알려져 지난 1999년에는 인기정상 주간시사잡지인 『보석』(寶石)에 그의 만화 <한국 우키요에>(浮世繪)가 당당히 연재되기도 했다. 서울 홍제동에 있는 작가의 자택에서는 요즘도 일본의 여성팬들이 단체로 몰려와 순례(巡禮)하는 모습을 어렵지 않게 목격할 수 있다.

2003년 MBC TV드라마로 방영된 「다모」는 조선시대의 여자수사관 다모(茶母) '채옥'의 이야기를 담았다. 이 드라마는 폭발적인 시청률을 기록하면서 인터넷 유저들 사이에서 팬들이 결속하여 '다모폐인'이라는 새로운 사회용어가 생겨나기까지 했다. 이 드라마의 원작이 바로 방학기가 1970년대에 『선데이서울』에 연재한 <다모 남순이>였다.

그런가 하면 2004년에 개봉된 일본 극진공수도 창시자 최배달의 무술인생 이야기 「바람의 파이터」(양동근 주연)도 그의 만화가 원작이다. 이 영화는 아예 방학기가 시나리오 집필과 제작의 총지휘까지 맡아서 화제가 되었다.

'방학기 만화'의 꾸준한 히트행진 비결은 대체로 3가지 정도로 압축할 수 있다. 첫 번째는 그림체다. 미술과(부산대학교) 출신답게 탄탄한 데생실력이 등장인물의 동작묘사를 실감나게 재현해낸다. '다이내믹한 만화'의 진수를 만끽케 하는 것이다. 시대극이나 권법을 소재로 한 만화에서 방학기 그림의 리얼리즘은 우리 만화계에서 단연 독보적이다. 두 번째로는 스토리구성단계에서 작가가 보여주고 있는 철저한 고증과 작품 연구는 만화 보는 재미와 질적 가치를 한껏 끌어올린다는 점이다. 방학기는 만화작품을 시작할 때면 으레 도서관이나 신문사 자료실 등에서 몇 개월씩 온종일 자료를 뒤지고 공부하는 만화가로 유명하다. 마지막으로는, 만화 속에 흠씬 배어나는 '짙은 사람냄새'다. 그는 "마산 시장 통에서 성장한 탓인지, 하층부 서민에 대한 따스한 사랑이 내 모든 만화작품의 모티브가 되고 있다"고 말한다.

경남 마산은 옛날부터 영남의 예향(藝鄕)으로 이름 높던 곳. 마산시청 인터넷 홈페이지(http://masan.go.kr/main/kids_city)에는 그래서 마산출신 문화예술인들을 기리는 '마산의 예술가들'이라는 코너가 있다. 이 코너에는 시인인 노산 이은상, 천상병과 작곡가 조두남, 이수인씨 등 그야말로 쟁쟁한 마산출신 중량급(重量級) 문화인사 10명이 소개되고 있다. 그 속에는 방학기라는 낯익은 이름도 자리한다. 그를 소개하는 글 끝부분은 이렇게 맺고 있다.

방학기가 처음으로 그림을 그린 것은 초등학교 1학년 때이다. 6.25때 진동으로 피난을 갔다가 아군과 적군의 치열한 전투가 전개되는 것을 보고 집으로 돌아와 인민군과 따발총, 탱크 등을 그린 것이 그림의 시작이었다. 어렸을 때부터 보고 겪었던 일들이 자연스럽게 작품 속 곳곳에 자리 잡고 있는데, 요즘도 그는 서울에서 열리는 마산월영초등학교 동창회에 나가면 고향 이야기를 실타래처럼 풀어내길 좋아한다고 한다.

지난 2004년 만화 <다모>의 출판기념회가 열렸던 서울 세종문화회관에서 필자와 만난 방학기 선생은 "다모 남순이 캐릭터의 실제 모델은 내 여동생이었답니다.(중략) 귀엽고 착했던 내 여동생은(중략) 꽃다운 나이에 폐결핵에 걸려 마산요양원에서 지내다가 끝내 저세상으로 가고 말았지요"라며 잔잔한 미소를 띠었다.

졸린 눈의 못생긴 슈퍼맨, 고행석의 〈불청객〉

우리 현대사의 민주화과정을 중심으로 볼 때, 1980년대 초반은 회색빛에 가깝다. 5.16 군사쿠데타로 집권한 장기군부독재는 18년간이나 계속되다가 '궁정동의 총성'으로 끝나는가 싶었다. 그러나 '서울의 봄'과 '광주 항쟁'은 새롭게 등장한 군부정권의 군홧발에 짓눌려버렸다. 민주화를 갈망했던 국민들은 또 한번 90%가 넘는 억지찬성표를 던져 '체육관대통령'을 뽑아야만 했다. 그 결과 또 한 명의 '불청객' 장군 출신의 대통령이 등장했다.

이 암울한 시절에 대머리 코미디언 이주일(본명 정주일, 2002년 8월 27일 작고)이 안방극장에 홀연히 등장해 좌절과 실의에 빠진 국민들을 흠씬 웃겨주었다. 이주일과 함께 1980년대 초반의 우리 국민에게 그나마 웃음으로 위안을 준 또 한 명의 슈퍼스타는 만화판의 '구영탄'이었다. 구영탄은 너저분한 외모와는 달리, 언제나 정의를 사수하고 의리를 천금같이 여기는 슈퍼맨이었다. 구영탄이 등장하는 만화 '불청객 시리즈'는 1980년대의 칙칙한 사회분위기에서 홀연히 나타나 우울했던 우리 젊은 세대에게 웃음을 되찾게 해 준 만화방 스타였다. 당시 전국에는 1만여 개의 만화방이 성업 중이었다.

'불청객 시리즈'는 매번 제목을 바꿔 시리즈 형식으로 인기를 이어갔는데, 주인공만은 언제나 꺼벙한 눈매의 구영탄이었다. 톱니바퀴같이 비쭉비쭉 위로 솟구친 헤어스타일. 언제나 눈까풀이 반쯤 덮여있는 맹한 얼굴, 깡마르고 왜소한 체격이다. 그러나 이런 구영탄도 열 받는 일 - 사회정의를 어지럽히는 깡패라든가, 누군가가 자신의 애인을 괴롭히는 - 이 발생하면 그야말로 순식간에 울트라 슈퍼맨으로 돌변한다. 온갖 권법과 도술을 다 구사하는가 하면 그 가녀린 팔뚝에서 로봇태권V의 파워가 솟구친다. 말하자면 주눅이 들고 쪼그라든 당시 국민들을 대신해서 '만화적 통쾌무비'를 경험케 한 것이다.

만화가 고행석(1948~) 선생이 구영탄을 처음 등장시킨 것은 1983년 '불청객 시리즈'를 통해서였다. 선생은 "평범하고 못생긴, 보통사람을 주인공으로 내세워 찌들고 지쳐있던 당시 젊은 만화독자들에게 시원한 공감(共感)의 웃음을 선사하고자 했다"고 창작배경을 설명하면서 "그래서 주인공의 이름도 도시서민의 땔감인 '구공탄'을 연상시키는 이름으로 지었다"고 소개한다.

구영탄은 전남 여수고교를 졸업하고 1973년 군에서 제대한 뒤 33살의 늦은 나이에 만화를 배우기 시작했다. 기성작가 최경, 박기정 선생 문하에 들어가 8년여 동안 지우개로 연필 선을 지우는 일에서 인물의 펜션 터치에 이르는 만화창작의 전 과정을 마스터했다. 데뷔작 <아빠아빠 우리아빠>를 발표한 것은 그가 41살이 되던 1981년이었다.

'불청객 시리즈'의 발표는 늦깎이 만화가 고행석을 단숨에 최고의 인기만화가 반열에 올려놓았다. 운이 좋았다기보다는 '갈고 닦은 실력'이 한꺼번에 봇물처럼 쏟아져 나왔던 대기만성(大器晚成)이라 해야 옳을 듯싶다. 이후 <요절복통 불청객> <서울 불청객> <기공천하 불청객> 등 그의 불청객 시리즈는 무려 200권이 넘는 창작행진을 이어나갔다. 불청객은 발표될 때마다 인기몰이를 지속했다. 시리즈의 타이틀이 달라질 때마다 주인공 구영탄의 역할도 조금씩 변화되기도 하지만, 크게 보아서 '사회정의를 실현하는' 정의의 사도라는 캐릭터에서는 크게 벗어나지 않았다.

만화내용을 떠나서 고행석 선생의 따뜻한 인간미는 우리 만화판에서 '인간승리'로 널리 회자되고 있다. 고행석 선생

자신은 지난 20여 년간 말초신경이 썩는 '혈전폐색증'이라는 난치병을 앓고 있다. 선생은 지금도 날마다 한 움큼씩의 치료제를 복용해야 증세가 완화되는 중증 장애를 안고 있지만 "만화를 그리다가 죽을 수 있다면 그게 가장 행복한 일이 아니냐"며 후배들에게 정진을 독려하고 있다. 그런가 하면 힘들게 살아가는 후배만화가들에게 '왼손이 모르는' 선행도 묵묵히 베풀어 왔다. 무명만화가의 고된 생활을 오랫동안 몸소 경험한 탓에 그 누구보다 후배들의 처지를 잘 이해하기 때문이다.

요즘의 고행석은 여느 때보다 힘든 시기를 보내고 있다. 우리 출판만화의 창작환경이 장기간 침체의 늪을 헤매고 많은 만화가들도 창작현장을 떠나기 때문이다. 우리 만화판을 지켜나가는 의연한 '어른' 가운데 한 사람으로서 그의 모습은 지금도 꼿꼿하다. 고행석 화실에 가면 지금도 머리를 싸맨 선생의 모습을 발견할 수 있다. 그는 지금도 '의리만점 구영탄'의 만화원고와 씨름하고 있는 현역만화가다.

한국만화사 산책

펴낸날	초판 1쇄 2005년 11월 25일
	초판 2쇄 2013년 7월 31일
지은이	손상익
펴낸이	심만수
펴낸곳	(주)살림출판사
출판등록	1989년 11월 1일 제9-210호
주소	경기도 파주시 문발동 522-1
전화	031-955-1350　팩스 031-624-1356
기획·편집	031-955-4662
홈페이지	http://www.sallimbooks.com
이메일	book@sallimbooks.com
ISBN	978-89-522-0436-3　04080

※ 값은 뒤표지에 있습니다.
※ 잘못 만들어진 책은 구입하신 서점에서 바꾸어 드립니다.

함께 읽으면 좋은 책

예술

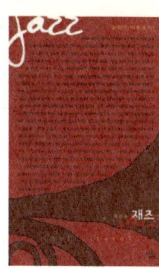

054 재즈 eBook

최규용(재즈평론가)

즉흥연주의 대명사, 재즈의 종류와 그 변천사를 한눈에 알 수 있도록 소개한 책. 재즈만이 가지고 있는 매력과 음악을 소개한다. 특히 초기부터 현재까지 재즈의 사조에 따라 변화한 즉흥연주를 중심으로 풍부한 비유를 동원하여 서술했기 때문에 재즈의 역사와 다양한 사조의 특징을 쉽게 이해할 수 있다.

255 비틀스 eBook

고영탁(대중음악평론가)

음악 하나로 세상을 정복한 불세출의 록 밴드. 20세기에 가장 큰 충격과 영향을 준 스타 중의 스타! 비틀스는 사람들에게 꿈을 주었고, 많은 젊은이들의 인생을 바꾸었다. 그래서인지 해체한 지 40년이 넘은 지금도 그들은 지구촌 음악팬들의 많은 사랑을 받고 있다. 비틀스의 성장과 발전 모습은 어떠했나? 또 그러한 변동과정은 비틀스 자신들에게 어떤 의미였나?

422 롤링 스톤즈 eBook

김기범(영상 및 정보 기술원)

전설의 록 밴드 '롤링 스톤즈'. 그들의 몸짓 하나하나는 우리가 생각하는 것보다 훨씬 더 탁월한 수준의 음악적 깊이, 전통과 핵심에 충실하려고 애쓴 몸부림의 흔적들이 존재한다. 저자는 '롤링 스톤즈'가 50년 동안 추구해 온 '진짜'의 실체에 다가가기 위해 애쓴다. 결성 50주년을 맞은 지금도 구르기(rolling)를 계속하게 하는 힘. 이 책은 그 '힘'에 관한 이야기다.

127 안토니 가우디 아름다움을 건축한 수도사 eBook

손세관(중앙대 건축공학과 교수)

스페인의 세계적인 건축가 가우디의 삶과 건축세계를 소개하는 책. 어느 양식에도 속할 수 없는 독특한 건축세계를 구축하고 자연과 너무나 닮아 있는 건축가 가우디. 이 책은 우리에게 건축물의 설계가 아닌, 아름다움 자체를 건축한 한 명의 수도자를 만나게 해준다.

예술

131 안도 다다오 건축의 누드작가

eBook

임재진(홍익대 건축공학과 교수)

일본이 낳은 불세출의 건축가 안도 다다오! 프로복서와 고졸학력, 독학으로 최고의 건축가 반열에 오른 그의 삶과 건축, 건축철학에 대해 다뤘다. 미를 창조하는 시인, 인간을 감동시키는 휴머니즘, 동양사상과 서양사상의 가치를 조화롭게 빚어낼 줄 아는 건축가 등 그를 따라다니는 수식어의 연원을 밝혀 본다.

207 한옥

eBook

박명덕(동양공전 건축학과 교수)

한옥의 효율성과 과학성을 면밀히 연구하고 있는 책. 한옥은 주위의 경관요소를 거르지 않는 곳에 짓되 그곳에서 나오는 재료를 사용하여 그곳의 지세에 맞도록 지었다. 저자는 한옥에서 대들보나 서까래를 쓸 때에도 인공을 가하지 않는 재료를 사용하여 언뜻 보기에는 완결미가 부족한 듯하지만 실제는 그 이상의 치밀함이 들어 있다고 말한다.

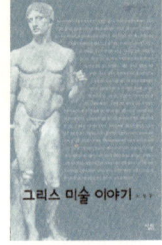

114 그리스 미술 이야기

eBook

노성두(이화여대 책임연구원)

서양 미술의 기원을 추적하다 보면 반드시 도달하게 되는 출발점인 그리스의 미술. 이 책은 바로 우리 시대의 탁월한 이야기꾼인 미술사학자 노성두가 그리스 미술에 얽힌 다양한 이야기를 재미있게 풀어놓은 이야기보따리이다. 미술의 사회적 배경과 이론적 뿌리를 더듬어 감상과 해석의 실마리에 접근하는 또 다른 시각을 제공하는 책.

382 이슬람 예술

eBook

전완경(부산외대 아랍어과 교수)

이슬람 예술은 중국을 제외하고 가장 긴 역사를 지닌 전 세계에 가장 널리 분포된 예술이 세계적인 예술이다. 이 책은 이슬람 예술을 장르별, 시대별로 다룬 입문서로 이슬람 문명의 기반이 된 페르시아·지중해·인도·중국 등의 문명과 이슬람교가 융합하여 미술, 건축, 음악이라는 분야에서 어떻게 표현되었는지 설명한다.

예술

417 20세기의 위대한 지휘자 `eBook`

김문경(변리사)

뜨거운 삶과 음악을 동시에 끌어안았던 위대한 지휘자들 중 스무 명을 엄선해 그들의 음악관과 스타일, 성장과정을 재조명한 책. 전문 음악칼럼니스트인 저자의 추천음반이 함께 수록되어 있어 클래식 길잡이로서의 역할도 톡톡히 한다. 특히 각 지휘자들의 감각 있고 개성 있는 해석 스타일을 묘사한 부분은 이 책의 백미다.

164 영화음악 불멸의 사운드트랙 이야기 `eBook`

박신영(프리랜서 작가)

영화음악 감상에 필요한 기초 지식, 불멸의 영화음악, 자신만의 세계를 인정받는 영화음악인들에 대한 이야기를 담았다. 〈시네마천국〉〈사운드 오브 뮤직〉 같은 고전은 물론, 〈아멜리에〉〈봄날은 간다〉〈카우보이 비밥〉 등 숨겨진 보석 같은 영화음악도 소개한다. 조성우, 엔니오 모리꼬네, 대니 앨프먼 등 거장들의 음악세계도 엿볼 수 있다.

440 발레 `eBook`

김도윤(프리랜서 통번역가)

〈로미오와 줄리엣〉과 〈잠자는 숲속의 미녀〉는 발레 무대에 흔히 오르는 작품 중 하나다. 그런데 왜 '발레'라는 장르만 생소하게 느껴지는 것일까? 저자는 그 배경에 '고급예술'이라는 오해, 난해한 공연 장르라는 선입견이 존재한다고 지적한다. 저자는 일단 발레라는 예술 장르가 주는 감동의 깊이를 경험하기 위해 문 밖을 나서길 원한다.

194 미야자키 하야오 `eBook`

김윤아(건국대 강사)

미야자키 하야오의 최근 대표작을 통해 일본의 신화와 그 이면을 소개한 책. 〈원령공주〉〈센과 치히로의 행방불명〉〈하울의 움직이는 성〉이 사랑받은 이유는 이 작품들이 가장 보편적이면서도 가장 일본적인 신화이기 때문이다. 신화의 세계를 미야자키 하야오의 작품과 다양한 측면으로 연결시키면서 그의 작품세계의 특성을 밝힌다.

예술

eBook 표시가 되어있는 도서는 전자책으로 구매가 가능합니다.

- 019 애니메이션의 장르와 역사 | 이용배 eBook
- 043 캐리커처의 역사 | 박창석
- 044 한국 액션영화 | 오승욱 eBook
- 045 한국 문예영화 이야기 | 김남석 eBook
- 046 포켓몬 마스터 되기 | 김윤아 eBook
- 054 재즈 | 최규용 eBook
- 055 뉴에이지 음악 | 양한수 eBook
- 063 중국영화 이야기 | 임대근
- 064 경극 | 송철규 eBook
- 091 세기의 사랑 이야기 | 안재필 eBook
- 092 반연극의 계보와 미학 | 임준서 eBook
- 093 한국의 연출가들 | 김남석 eBook
- 094 동아시아의 공연예술 | 서연호 eBook
- 095 사이코드라마 | 김정일
- 114 그리스 미술 이야기 | 노성두 eBook
- 120 장르 만화의 세계 | 박인하 eBook
- 127 안토니 가우디 | 손세관 eBook
- 128 프랭크 로이드 라이트 | 서수경 eBook
- 129 프랭크 게리 | 이일형
- 130 리차드 마이어 | 이성훈 eBook
- 131 안도 다다오 | 임채진 eBook
- 148 위대한 힙합 아티스트 | 김정훈
- 149 살사 | 최명호
- 162 서양 배우의 역사 | 김정수
- 163 20세기의 위대한 연극인들 | 김미혜
- 164 영화음악 | 박신영 eBook
- 165 한국독립영화 | 김수남
- 166 영화와 샤머니즘 | 이종승
- 167 영화로 보는 불륜의 사회학 | 황혜진 eBook
- 176 테마로 보는 서양미술 | 권용준 eBook
- 194 미야자키 하야오 | 김윤아 eBook
- 195 애니메이션으로 보는 일본 | 박규태
- 203 영화로 보는 태평양전쟁 | 이동훈
- 204 소리의 문화사 | 김토일 eBook
- 205 극장의 역사 | 임종엽 eBook
- 206 뮤지엄건축 | 서상우 eBook
- 207 한옥 | 박명덕
- 208 한국만화사 산책 | 손상익
- 209 만화 속 백수 이야기 | 김성훈
- 210 코믹스 만화의 세계 | 박석환
- 211 북한만화의 이해 | 김성훈 · 박소현
- 212 북한 애니메이션 | 이대연 · 김경임
- 213 만화로 보는 미국 | 김기홍 eBook
- 255 비틀스 | 고영탁
- 270 르 코르뷔지에 | 이관석
- 313 탱고 | 배수경
- 314 미술경매 이야기 | 이규현
- 347 플라멩코 | 최명호
- 381 상송 | 전금주
- 382 이슬람 예술 | 전완경 eBook
- 387 루이스 칸 | 김낙중 · 정태용 eBook
- 388 톰 웨이츠 | 신주현 eBook
- 416 20세기를 빛낸 극작가 20인 | 백승무 eBook
- 417 20세기의 위대한 지휘자 | 김문경 eBook
- 418 20세기의 위대한 피아니스트 | 노태헌 eBook
- 419 뮤지컬의 이해 | 이동섭 eBook
- 422 롤링 스톤즈 | 김기범 eBook
- 440 에로스의 예술, 발레 | 김도윤 eBook
- 451 동랑 유치진 | 백형찬 eBook

(주)살림출판사
www.sallimbooks.com
주소 경기도 파주시 문발동 522-1 | 전화 031-955-1350 | 팩스 031-955-1355